Jugando en espanol

Actividades interactivas para la clase de español
Niveles elemental – intermedio

Juana Sánchez Benito y Carlos Sanz Oberberger

LANGENSCHEIDT

BERLIN · MÜNCHEN · WIEN · ZÜRICH · NEW YORK

Ilustraciones: Carlos Sanz Oberberger

Cubierta: Carlos Sanz Oberberger

| Druck: | 6. | 5. | 4. | 3. | | Letzte Zahlen |
| Jahr: | 1999 | 98 | 97 | | | maßgeblich |

© 1993 Langenscheidt KG, Berlin und München

Druck: Druckhaus Langenscheidt, Berlin
Printed in Germany – ISBN 3-468-45558-5

Contenido

Prólogo

¿Un libro de juegos?

"Jugando en español" es una colección de juegos comunicativos para practicar el español en grupos y de una forma amena. No es un libro de texto ni un manual, sino que está pensado para ser integrado en cualquier programación de ELE de nivel elemental o intermedio. Son ejercicios que pueden contribuir en gran medida a enriquecer el desarrollo de la clase y el modo de adquisición de las estructuras fundamentales del español, ya que:

– favorecen la comunicación entre el grupo,
– repasan contenidos gramaticales o funciones,
– ayudan a fijar el vocabulario,
– introducen un matiz lúdico en la clase,
– a tráves de estos juegos el alumno se da cuenta de que la correcta utilización de la lengua que aprende le sirve para conseguir cosas en la vida real (resolver tareas, acciones cotidianas, etc.).

Este tipo de ejercicios, utilizado como complemento junto con las demás actividades ya comunes en una clase de idiomas, contribuye a quitarles a los alumnos el miedo a hablar y fomenta su creatividad. Lo importante al jugar en grupo es construir algo juntos, discutir, convencer, negociar y, sobre todo, pasárselo bien.

Propuestas de uso

"Jugando en español" está pensado para ser un instrumento flexible, abierto a muchas posibilidades. Por esta razón las explicaciones de los juegos son sólo "propuestas". El profesor puede cambiarlas, adaptarlas y crear nuevos ejercicios según sus propias intenciones didácticas.

No hemos seguido en el libro un criterio de ordenación específico: los juegos que exigen un mayor conocimiento del idioma están al final. El cuadro sinóptico ayuda al profesor a elegir el juego adecuado para lo que desee practicar.

La colección consta de 30 juegos y está estructurada en dos partes fundamentales: las explicaciones didácticas y el material que el profesor puede fotocopiar y recortar para usarlo en la clase. Cada explicación didáctica se divide a su vez, en 8 partes:

Objetivos (¿qué se pretende practicar? Funciones);
Destrezas (¿cómo? Hablando, escribiendo, escuchando o leyendo);
Vocabulario (¿qué palabras se utilizan?);
Recursos lingüísticos (¿qué estructuras se necesitan?);
N° de participantes (¿cuántos alumnos van a jugar?);
Duración aproximada (¿cuánto tiempo dura el juego?);
Material (¿qué se necesita para jugar?);
Propuesta de juego (¿cómo se puede jugar? "Reglas" del juego).

Las secciones dedicadas al vocabulario y a los recursos lingüísticos son sólo una guía de lo que puede ser necesario: sobre todo en las actividades más creativas, es imposible predecir con exactitud qué es lo que los alumnos van a necesitar. Durante el juego, el profesor se convierte en espectador, guía, "animador" y "diccionario andante" . . . . Si lo considera oportuno, puede repasar antes del juego el vocabulario y las estructuras necesarias para poder jugar. La duración especificada puede ayudar al profesor a planear su clase; en cualquier caso es aproximada, ya que depende de varios factores como pueden ser: los conocimientos de español, la motivación, etc.

Para terminar, nos gustaría dar las gracias a nuestros compañeros de la Universidad de Passau (R.F.A.) por su ayuda al experimentar y comentar los juegos. También queremos agradecer a nuestros alumnos el haber hecho consciente o inconscientemente de "conejillos de Indias".

Esperamos que pasen buenos ratos jugando con sus alumnos porque "jugando se entiende la gente".

Los autores

Juegos	Objetivos	Destrezas	Gramática	Duración
1 Recuerda	Repasar vocabulario (prendas de vestir y alimentos).	Expresión oral.		15 min.
2 Primeros contactos	Dar información personal (nombre, edad, teléfono, dirección, profesión).	Todas.	Interrogativas con cómo, qué, dónde . . . Numerales. Presente de ser, tener, vivir . . . Concordacia del adjetivo.	20 min.
3 Gente corriente	Dar información personal (carácter, gustos).	Todas.	Presente de indicativo. Adjetivos.	20 min.
4 El tiempo en Latinoamérica	Hablar del tiempo. Ubicar.	Todas.	Presente de los verbos llover, nevar, hacer (sol, viento, calor, etc.). Presente continuo. Preposiciones de lugar.	15/20 min.
5 Busca tu pareja: profesiones	Describir actividades y características de una profesión.	Comprensión auditiva. Expresión oral.	Preguntas y respuestas sí/no.	15/20 min.
6 ¡Qué cara está la vida!	Preguntar precios. Expresar necesidad.	Todas.	Numerales, pesos y cantidades. Ser y estar. Presente de costar, tener.	20 min.
7 Cotilleando	Describir acciones en desarrollo.	Todas.	Gerundio de los verbos.	20 min.
8 Planos de una casa	Ubicar. Describir.	Comprensión auditiva. Expresión oral.	Ser/estar/hay. Adjetivos. Preposiciones de lugar.	15/20 min.
9 Monstruo busca monstrua	Descripciones físicas. Ubicar partes del cuerpo.	Comprensión auditiva. Expresión oral.	Preguntas y respuestas sí/no. Adjetivos calificativos. Preposiciones de lugar.	15/20 min.
10 Fanfarrones	Comparar objetos, calidades y cualidades.	Comprensión auditiva. Expresión oral.	Adjetivos y adverbios comparativos. Adjetivos y pronombres posesivos.	20 min.
11 Vestir a gente famosa	Expresar necesidad. Argumentar. Decidir. Recomendar.	Todas.	Numerales. Presente de los verbos (preferir, gustar, tener, costar). Pronombres personales complemento directo e indirecto.	30 min.
12 El juego de la rana Lucas	Repaso de los verbos irregulares.	Todas.	Conjugación de verbos irregulares.	15/20 min.
13 El juego de las recetas	Pedir objetos.	Comprensión escrita y auditiva. Expresión oral.	Pronombres personales complemento directo e indirecto.	20 min.
14 Dominó	Expresar causa. Relacionar objetos.	Comprensión auditiva. Expresión oral.	Oraciones causales.	20 min.
15 El tesoro de Barbarrayas	Describir recorridos. Dar instrucciones.	Comprensión escrita y auditiva. Expresión oral.	Tener que, hay que. Verbos con preposición. Imperativo afirmativo. Preposiciones de lugar.	20 min.
16 El desván	Pedir y repartir objetos.	Comprensión escrita y auditiva. Expresión oral.	Pronombres personales de complemento directo e indirecto y su combinación.	20 min.

Juegos	Objetivos	Destrezas	Gramática	Duración
17 Perdido y encontrado	Dar instrucciones. Ubicar.	Comprensión auditiva. Expresión oral.	Imperativos. Preposiciones de lugar.	20 min.
18 ¿Quedamos?	Invitar. Presentar excusas. Concertar citas.	Todas.	Presente de indicativo. Tener que + infinitivo. Adverbios temporales. La hora.	20 min.
19 Buscar alojamiento	Hablar de hábitos y aficiones. Ponerse de acuerdo. Tomar decisiones.	Todas.	Gustar. También y tampoco. Horarios.	30 min.
20 ¿Qué te han traído los Reyes?	Expresar desilusión, entusiasmo e indiferencia.	Comprensión escrita y auditiva. Expresión oral.	¡Qué + adjetivo! Gustar, preferir, odiar, encantar.	20/30 min.
21 Vacaciones	Hablar de gustos, intereses. Tomar decisiones. Expresar acuerdo o desacuerdo.	Comprensión escrita y auditiva. Expresión oral.	Ser + carácter. Condicional de gustar.	20/30 min.
22 ¿Dígame?	Llamar por teléfono. Expresar quejas.	Comprensión escrita y auditiva. Expresión oral.	Usos de estar y de ser. Presente y condicional de poder. Numerales.	20/30 min.
23 Turistas en Barcelona	Pedir información. Expresar necesidad. Tomar decisiones.	Todas.	Presente de verbos como costar, necesitar, ir, volver, llegar. La hora.	30/45 min.
24 ¿Qué me pasa, doctor?	Expresar dolores. Pedir y dar consejos.	Comprensión escrita y auditiva. Expresión oral.	Tener que + infinitivo. Verbo doler + pronombres. Imperativo, indefinido e imperfecto.	20/30 min.
25 Una cena familiar	Identificar personas. Ubicar. Hablar del pasado.	Todas.	Usos del indefinido y del imperfecto. Preposiciones de lugar. Adverbios temporales.	20 min.
26 ¡La noticia!	Transmitir información. Ponerse de acuerdo.	Todas.	Estilo indirecto: concordancia de tiempos y cambios necesarios.	30/45 min.
27 Buscando casa en Madrid	Expresar necesidad, intereses y preferencias. Convencer y tomar decisiones.	Todas.		30/45 min.
28 Biografía	Describir hechos y situaciones del pasado.	Todas.	Usos del imperfecto y del indefinido.	30/45 min.
29 El amor es ciego	Describir situaciones y hechos del pasado. Expresar afinidades. Hablar de planes.	Todas.	Usos del imperfecto e indefinido. Futuro.	30/45 min.
30 Ensalada de cuentos	Hablar de hechos y situaciones del pasado. Reaccionar.	Todas.	Usos del imperfecto e indefinido.	30/45 min.

1 ¡Recuerda! Prendas de vestir y alimentos

Objetivos   Dominio de vocabulario.

Destrezas   Expresión oral.

Vocabulario   Repaso de las prendas de vestir y los alimentos.

Recursos lingüísticos   Ninguno.

N° de participantes   Grupos de 3 ó 4.

Duración aproximada   15 min.

Material   1 fotocopia de los dibujos y de las palabras por grupo ya recortadas. Atención: conviene que las fotocopias estén hechas en cartulina o papel grueso, a fin de que no se transparente el dibujo cuando las fichas estén boca abajo.

Propuesta de juego:

El profesor escoge uno de los dos campos semánticos a elegir: "Prendas de vestir" o "Alimentos". Si quiere que el juego sea un poco más complicado, puede mezclar los dos campos semánticos. Se divide la clase en grupos y se reparten las fichas a cada grupo. Para repasar el vocabulario, pueden disponerse las fichas en dos filas paralelas: una con los dibujos y otra con sus correspondientes palabras, y se deja a los grupos unos 3 ó 4 minutos para que se familiaricen con ellas. Acto seguido, se da la vuelta a las fichas poniéndolas boca abajo y se mezclan todas entre sí. La mecánica del juego es la misma que la del conocido "Memory": por riguroso turno, cada jugador deberá levantar sólo dos fichas, intentando componer parejas formadas por el dibujo y su correspondiente palabra. Si lo consigue al primer intento, podrá quedarse con las fichas y repetir la acción. Si no lo consigue, deberá dejar ambas en el mismo lugar de donde las cogió. Se trata de tener la memoria despierta para recordar dónde están las fichas que forman pareja. El juego termina cuando ya no quedan fichas sobre la mesa y, naturalmente, gana quien haya conseguido acumular más.

2 Primeros contactos

Objetivos   Dar información personal: nombre, edad, profesión, estado civil, dirección, teléfono.

Destrezas   Todas.

Vocabulario   Adjetivos (nacionalidad). Profesiones más comunes. Números hasta el 100. Palabras y abreviaturas relacionadas con las direcciones: *calle, plaza, avenida, izda., dcha.* Adjetivos que designan el estado civil: *soltero, casado, divorciado, viudo.*

Recursos lingüísticos

¿Cómo se/te llama(s)? ▪ *¿De dónde es/eres?* ▪ *¿Dónde vive(s)?* ▪ *¿Qué dirección tiene(s)?* ▪ *¿Qué teléfono tiene(s)?* ▪ *¿Cuántos años tiene(s)?* ▪ *¿Es/eres soltero(-a)?*

N° de participantes   Grupos de 16.

Duración aproximada   20 min.

Material   Las 16 tarjetas fotocopiadas y un cuestionario por alumno.

Propuesta de juego:

Se divide la clase en grupos de 16 y se le reparte a cada alumno una tarjeta de identidad. Primero se les da unos cinco minutos para identificarse con su personaje. Luego se les explica que están en un seminario sobre "Extranjeros en España" y se les reparte el cuestionario. Se trata de conocer a los otros participantes del seminario y para ello tienen que obtener una serie de informaciones sobre los otros. Por eso, los alumnos se moverán por la clase y harán preguntas a los demás hasta completar el cuestionario.

Se han hecho 16 personajes y 4 cuestionarios. Si hay más de 16 alumnos se hacen más tarjetas y más cuestionarios y se les advierte a los alumnos que algunos personajes estarán repetidos. Si hay menos de 16, algunas preguntas no podrán ser contestadas. Podemos seleccionar qué personas quitamos y advertirles a los alumnos qué preguntas no pueden ser contestadas. Cuando se hayan completado los cuestionarios se puede hacer una puesta en común para comprobar que las respuestas son correctas.

3 Gente corriente

Con esta serie de 25 personajes, es posible trabajar de varias maneras; presentamos aquí dos propuestas:

Objetivos   Dar información sobre personas (carácter, gustos, costumbres, etc.).

Destrezas   Todas.

Vocabulario   Adjetivos (nacionalidad, carácter, etc.). Profesiones. Gustos. Acciones habituales: *vivir, trabajar, soler* + infinitivo, *bailar*. Adverbios de frecuencia: *normalmente, nunca, siempre, a veces*. Para la opción B, además, relaciones de parentesco.

Recursos lingüísticos
Ser + adjetivos ▪ Presente de indicativo (acciones habituales) ▪ *Gustar* + pronombres.

N° de participantes   Grupos de 3.

Duración aproximada   Depende del n° de alumnos (20 alumnos, 20 min.)

Material   1 transparencia con todos los personajes para la opción A. Para la B se necesita la transparencia y los 25 personajes previamente recortados.

Propuesta de juego: opción A

Fotocopiar la hoja con todos los personajes sobre una transparencia que se mostrará en el proyector durante toda la duración del juego. Se divide la clase en grupos de tres. Cada grupo debe escoger un personaje y darle nombre. En 5 minutos, cada grupo debe inventar y escribir una pequeña historia relacionada con el respectivo personaje escogido. **No se trata de hacer descripciones físicas.** Un alumno de cada grupo será el encargado de escribir el texto. Al finalizar los 5 minutos, el profesor anima a cada grupo a leer su historia al resto de la clase. Los demás deberán adivinar de qué personaje se trata, identificando el nombre del personaje con el número que tiene en la transparencia.

Propuesta de juego: opción B

El profesor reparte a cada grupo dos personajes distintos y proyecta la transparencia mientras dure el juego. En 5 minutos, los componentes del grupo deben dar nombre a sus dos personajes y escribir una historia que los relacione entre sí (relación de parentesco, de trabajo, amorosa, etc.). Al terminar los 5 minutos, cada grupo deberá exponer su historia al resto de la clase, que intentará a su vez adivinar de quién se trata. El profesor podrá, si lo juzga oportuno, llevarse la pequeñas redacciones para corregirlas en casa.

4 El tiempo en Latinoamérica

Objetivos   Hablar del tiempo, ubicar.

Destrezas   Todas.

Vocabulario   Campo semántico "fenómenos meteorológicos": *llover, nevar, hacer sol*, etc. Puntos cardinales y sus combinaciones: *noreste, suroeste*, etc. Preposiciones de lugar.

Recursos lingüísticos
¿Cómo es el tiempo en …? ▪ *¿Qué tiempo hace en …?* ▪ *Hace sol/viento/calor/frío/mal tiempo/buen tiempo.* ▪ *Está nevando (nieva).* ▪ *Está lloviendo (llueve).* ▪ *Hay tormenta, niebla, nieve …* ▪ *Está nublado, cubierto …*

N° de participantes   Grupos de 4.

Duración aproximada   15/20 min.

Material   1 fotocopia de los 4 mapas por grupo (ya recortados).

Propuesta de juego:

Se divide la clase en grupos de 4 y se le reparte un plano a cada jugador, que no debe enseñar a los otros. El juego consiste en completar el parte meteorológico. Cada componente tiene un mapa en el que están señalados por medio de símbolos los fenómenos meteorológicos de una parte de Latinoamérica. Los alumnos deben completar el mapa haciéndose preguntas y escribiendo las respuestas en su mapa.

5 Busca tu pareja: Profesiones

Objetivos Describir actividades, preguntar por las características de una profesión, dar información sobre la profesión ejercida.

Destrezas Comprensión auditiva y expresión oral.

Vocabulario Campo semántico "profesiones": *carnicero, médico, ama de casa,* etc. Estudios universitarios, escuela profesional, trabajo intelectual, trabajo físico, horarios, salarios, *ganar mucho o poco, realizar un trabajo, ejercer una profesión,* etc.

Recursos lingüísticos

¿Trabaja(s) por la mañana/por la tarde? ▪ *¿Gana(s) mucho dinero?* ▪ *¿Trabaja(s) en ...?* ▪ *¿Ha(s) ido a la universidad, escuela profesional ...?*

N° de participantes Toda la clase (grupos de 32).

Duración aproximada 15/20 min.

Material 2 fotocopias de las 16 profesiones ya recortadas.

Propuesta de juego:

Si el profesor lo cree oportuno, se comprueba que los alumnos conocen el vocabulario a tratar. A continuación, se reparte a cada alumno un dibujo de una profesión y se les pide que no lo enseñen a los demás. En el grupo hay otra persona que ejerce la misma profesión. El objetivo del juego es encontrarla mediante preguntas a los demás compañeros. Así pues, el alumno se moverá por la clase haciendo preguntas que sólo se responden con "sí" o "no" hasta encontrar a su pareja. Hemos hecho 16 tarjetas (para que jueguen 32 alumnos), si hay menos se eliminan las correspondientes parejas. Si hay más se repite algún personaje.

6 ¡Qué cara está la vida!

Objetivos Preguntar precios, comparar precios, pedir algo, expresar necesidad.

Destrezas Todas.

Vocabulario Alimentos, pesos y cantidades. Verbos como *comprar, gastar, costar ...* Numerales.

Recursos lingüísticos

Necesito ... ▪ *¿Cuánto cuesta ...?* ▪ *En ...es más barato(-a).* ▪ *El/la/los/las...está(n) en oferta en ...* ▪ *¿Me pone +* cantidad? ▪ *No queda(n) ..., no tenemos.* ▪ *He gastado ...*

N° de participantes Grupos de 4.

Duración aproximada 20 min.

Material 1 fotocopia de las listas de la compra y otra de las listas de precios de los supermercados por grupo.

Propuesta de juego:

El profesor divide la clase en grupos de 4 y reparte a cada componente del grupo 1 lista de compras y 1 de precios de un supermercado. Los alumnos tienen 5 minutos para identificarse con la persona que va a comprar. Los jugadores deberán comprar en los supermercados los productos que aparecen en su lista de compras, teniendo en cuenta las circunstancias en las que se encuentra cada uno (Carlos no tiene mucho dinero porque está a fin de mes, Ana, Paqui y Luisa preparan una cena especial y quieren dar una buena impresión, por eso Carlos comprará lo más barato y las demás lo más caro que se supone que será lo mejor). Primero pueden mirar en su supermercado, apuntar el precio del producto y luego preguntar a los demás. Cada alumno apuntará en su lista de compras dónde compra y cuánto cuesta lo que necesita. Al final, el profesor preguntará cuánto dinero han gastado y entre todos podrán intentar deducir qué platos se van a preparar con los productos comprados.

7 Cotilleando

Objetivos   Describir acciones en desarrollo.

Destrezas   Todas.

Vocabulario   Verbos regulares e irregulares en gerundio (presente continuo): *tender, regar, quemarse, pintar, besarse, comer, vestirse, dormir, leer, bañarse, ver, pelearse*. Números ordinales del 1 al 4. Abreviaturas: *izda., dcha.*

Recursos lingüísticos

¿Qué está pasando en …? ▪ Nombre de persona + *está(n)* + gerundio *en …* ▪ *¿Qué están haciendo en …?* ▪ *En…,* nombre de persona *está(n)* + gerundio.

Nº de participantes   Grupos de dos.

Duración aproximada   20 min.

Material   1 fotocopia de la casa y de las tarjetas ya recortadas por grupo.

Propuesta de juego:

Se divide la clase en parejas. Cada pareja recibe una fotocopia de la casa y cada jugador 4 tarjetas. Se les explica que el dibujo que tienen corresponde al edificio enfrente de su casa y que son unos vecinos muy curiosos. Por eso quieren saber qué está pasando en las diferentes viviendas del piso de enfrente. Para enterarse, los jugadores se preguntan entre sí: *"¿Qué están haciendo en el 1° centro?"* o *"¿Qué está pasando en el 2° izda.?"* Hacen preguntas sobre las tarjetas que no tienen. El que tiene la respuesta contesta conjugando el infinitivo y escribiendo la acción en la ventana correspondiente. Se tacha en el dibujo y se elimina la tarjeta usada poniéndola sobre la mesa.

No todas las acciones están representadas en las tarjetas. Hay sólo 8 cartas y 12 ventanas. Las acciones que no aparecen en las tarjetas están dibujadas junto a la casa. Son las siguientes: 1° izda.: Tender la ropa. 2° centro: Regar las plantas. 3° izda.: Quemar la comida. 4° dcha.: Pintar la casa.

Así que se trata también de adivinar qué está pasando en esas ventanas. En el dibujo de la casa hay una pista situada en la ventana correspondiente. Una vez tachadas todas las posibilidades y escritas todas las acciones, queda una ventana libre en cada piso. Usando las pistas que tienen se puede deducir fácilmente dónde está pasando qué.

Ej.: "ventana con ropa tendida". Lógicamente, a esta ventana corresponde la acción de "tender la ropa". Si los alumnos no saben cómo se dicen las acciones fantasmas en español, se lo pueden preguntar al profesor.

8 Planos de una casa

Objetivos   Describir el plano de una casa, ubicar muebles y habitaciones.

Destrezas   Comprensión auditiva y expresión oral.

Vocabulario   Campo semántico "vivienda": muebles y habitaciones. Adjetivos calificativos: *grande, pequeño, luminoso, oscuro, amplio, estrecho, cuadrado, redondo*. Preposiciones y adverbios de lugar, adjetivos posesivos.

Recursos lingüísticos

¿Tiene tu casa comedor/dos baños …? ▪ *¿Hay en tu casa un/una/unos/unas …?* ▪ *¿Cuántos/Cuántas … tiene tu casa?* ▪ *¿Cuántos/Cuántas … hay en tu casa?* ▪ *¿Está(n) el/la/los/las … junto a/detrás de/delante de …?* (*¿Está el comedor junto al baño?*) ▪ *¿Hay un/una/unos/unas … junto a/detrás de/delante de …?* ▪ *¿Cómo es tu …?* ▪ *Es …*

Nº de participantes   Grupos de 16.

Duración   15/20 min.

Material   2 fotocopias de los planos por grupo (previamente recortadas).

Propuesta de juego:

Si el profesor lo cree necesario, se comprueba que los alumnos ya conocen el vocabulario y se repasa la diferencia entre *estar/hay* + preposiciones o adverbios de lugar y los usos de *ser*. A continuación, se le reparte a cada jugador un plano de una vivienda que no debe enseñar al resto de sus compañeros. El objetivo del juego es encontrar a la persona que vive en la misma casa. Para ello, los alumnos se mueven por la clase haciendo preguntas a los demás sobre la ubicación y las características de las habitaciones y de los muebles. Sólo hay **una** casa idéntica. Si no hay alumnos suficientes para formar grupos de 16, se eliminan las parejas correspondientes y se hace algún grupo más pequeño.

9 Monstruo busca monstrua

Objetivos Describir "monstruos".

Destrezas Comprensión auditiva y expresión oral.

Vocabulario Campo semántico "partes del cuerpo". Números y preposiciones, adjetivos calificativos, *en vez de, en lugar de.*

Recursos lingüísticos
¿Eres hombre/mujer? ▪ *¿Tienes* + n° + parte del cuerpo? *(¿Tienes 3 piernas?)* ▪ *¿Está(n)* + parte del cuerpo + preposición + parte del cuerpo? *(¿Están las orejas en la espalda?).*

N° de participantes Grupos de 16.

Duración 15/20 min.

Material 1 fotocopia de los monstruos ya recortada.

Propuesta de juego:

Si el profesor lo considera oportuno, puede repetir las partes del cuerpo previamente, ya que se trata de un ejercicio de repaso de vocabulario. Se divide la clase en grupos de 16 y se hacen más grupos si es necesario. A cada jugador se le reparte una foto del monstruo (o la monstrua) que no deben enseñar a los demás y se les explica que están buscando a su pareja, que se ha perdido entre tanta gente. Su pareja es el monstruo idéntico pero del sexo contrario (sólo hay dos idénticos). Así pues, los alumnos se moverán por la clase haciendo preguntas a los demás (que sólo se contestan con "sí" o "no") hasta encontrar a su pareja. Por ejemplo: *"¿Tienes dos manos?", "¿Tienes manos en vez de pies?".* Como siempre, si hay menos alumnos, se eliminan las parejas correspondientes y con un número impar sería divertido que el profesor participara como uno más del grupo.

10 Fanfarrones

Objetivos Comparar objetos, calidades y cualidades.

Destrezas Comprensión auditiva y expresión oral.

Vocabulario Las palabras que designan los conceptos representados en la tarjeta: *hermano, casa, coche, gato, bicicleta, perro* ... Adjetivos y adverbios comparativos: *mejor, peor, mayor, menor, más que ..., menos que ..., el más ... de todos.* Pronombres y adjetivos posesivos: *el mío, el tuyo, mi ..., tu ...*

Recursos lingüísticos
Mi + sustantivo + *es* + adjetivo ▪ *Pues el mío es más/menos* + adjetivo + *que el tuyo.* ▪ *Pues el mío es el más/menos* + adjetivo (+ *de todos).*

N° de participantes Grupos de 3.

Duración 20 min.

Material 1 fotocopia ya recortada de los conceptos por grupo.

Propuesta de juego:

Se reparte a cada componente 1 tarjeta al azar de cada concepto representado. De esta manera, cada jugador tiene 10 tarjetas, una por concepto. Cada concepto está representado en tres calidades distintas, por ejemplo: un coche lento, un coche rápido/lento y uno muy rápido. Al repartir las tarjetas habrá que tener en cuenta que ningún participante debe tener dos cartas con el mismo concepto.

Uno de los jugadores coloca por turno una de las tarjetas sobre la mesa, diciendo: *"Mi coche es rápido (o lento)".* – El adjetivo que debe utilizar está escrito sobre la tarjeta. Si en la tarjeta hay escritos dos adjetivos, podrá utilizar cualquiera de los dos.– El siguiente jugador, dependiendo de cómo sea el coche representado en su tarjeta, colocará ésta sobre la mesa diciendo: *"Pues el mío es más rápido (o más lento) que el tuyo",* estableciendo una comparación con el anterior. Quien tenga la tarjeta con el concepto en su cualidad más elevada (en grado superlativo) deberá decir, naturalmente: *"Pues el mío es el más rápido/lento (de todos)",* quedándose con las tres cartas que están sobre la mesa y poniendo sobre ella un nuevo concepto para seguir el juego. Gana la ronda, por tanto, el que posea en grado máximo la cualidad introducida por el jugador que ha abierto la ronda.

Es posible que surjan diferentes opiniones entre los jugadores sobre qué concepto tiene una mayor o menor cualidad: estas discusiones pueden ser interesantes si se les deja resolver el conflicto entre ellos, utilizando los pronombres posesivos y los comparativos. El juego acaba cuando todos se quedan sin tarjetas. Ganará quien al final tenga más tarjetas.

Si al hacer los grupos sobran dos alumnos, se les hace jugar entre sí repartiendo a cada uno 1 carta por concepto y las cartas restantes se dividen a partes iguales entre los dos. Si sobra sólo 1 alumno, se le pone a jugar repartiéndose las tarjetas con un compañero(-a), o, como siempre, el profesor juega como uno más.

11 Vestir a gente famosa

Objetivos   Expresar necesidad, preguntar por el precio, decidir entre varias ofertas, recomendar, argumentar.

Destrezas   Todas.

Vocabulario   Prendas de vestir, numerales, verbos como *tener, necesitar, comprar, preferir, costar*, etc. Tejidos: *lana, algodón, seda, nylon*, etc. Adverbios comparativos, demostrativos.

Recursos lingüísticos
¿Qué desea? ▪ *¿Tienen …?* ▪ *Si, claro, ¿qué le parece(n) éste/ésta/éstos/éstas?* ▪ *¿No, lo siento, no tenemos.* ▪ *Me gusta/no me gusta, lo/la/los/las encuentro* + adjetivo. ▪ *No me va(n) bien, prefiero …* ▪ *No me queda(n) bien, prefiero otro/otra/otros/otras más* + adjetivo *(largo/corto/ancho/estrecho).* ▪ *Le recomiendo éste/ésta/éstos/éstas, porque … .* ▪ *¿Cuánto cuesta …?*

N° de participantes   Grupos de 8.

Duración   30 min.

Material   1 fotocopia de los escaparates y otra de los famosos por grupo (previamente recortadas).

Propuesta de juego:

Se divide la clase en grupos de 8. Cuatro componentes reciben los cuatro escaparates, y los otros cuatro los personajes famosos. Como siempre, el profesor puede repasar o introducir el vocabulario adecuado para el juego, si lo cree oportuno. El objetivo del juego es vestir a los cuatro personajes famosos con las prendas de los escaparates. Para ello, los jugadores con famoso se mueven por la clase para ir de una tienda a otra y cada uno deberá escoger la prenda de vestir que vaya bien con la personalidad y la imagen de su famoso. Los dueños de las tiendas deberán, por su parte, intentar convencer a los famosos de que las prendas que les ofrecen son las más adecuadas para ellos. A Marilyn Monroe, por ejemplo, no le sentarían bien unas medias de lana, sino más bien unas de seda o nylon. Cada jugador con famoso deberá escribir en su dibujo el nombre de la prenda que ha comprado y el lugar donde lo ha hecho, hasta haber vestido totalmente a su personaje. Los propietarios de las tiendas pueden hacer lo mismo para sumar al final del juego las ganancias obtenidas.

Cuando el juego ha terminado, el profesor puede preguntar a los famosos cómo se han vestido y a los propietarios de las tiendas cuánto dinero han ganado.

12 El juego de la rana Lucas

Objetivos   Repaso de los verbos irregulares

Destrezas   Todas.

Vocabulario   42 verbos irregulares frecuentes, palabras relacionadas con los juegos de mesa.

Recursos lingüísticos
Te toca a ti. ▪ *Un turno sin jugar.* ▪ *De rana a rana y tiro porque me da la gana.*

N° de participantes   Grupos de 4.

Duración aproximada   Al ser un juego de azar, puede ser muy variable (de 15 a 20 min.).

Material   1 fotocopia del tablero por grupo, dados y fichas.

Propuesta de juego:

Se divide la clase en grupos de cuatro y se les reparte un tablero, un dado y cuatro fichas (o se improvisan con trozos de tiza, gomas …). Cada grupo toma una hoja en blanco para apuntar las formas verbales. Empieza el jugador que saque el número más alto en el dado. El objetivo del juego es llegar el primero a la casilla 61. Para ello hay que conjugar correctamente los verbos del camino (en el tiempo verbal previamente establecido y en la persona que aparece en cada casilla). Al caer en una casilla con verbo, hay que conjugarlo correctamente y escribirlo en la hoja en blanco. El grupo deberá controlar si la forma es correcta y, en caso de duda, preguntar al profesor. Si la forma es correcta, el jugador podrá quedarse en esa casilla, si no, deberá volver a la casilla donde estaba antes.

Entre la casilla 1 y la 61 hay una serie de ayudas y obstáculos. Cada 5 casillas hay una con la rana Lucas. Cuando un jugador cae en una de estas casillas, salta automáticamente a la próxima casilla con la rana Lucas, diciendo: *"De rana a rana y tiro porque me da la gana"*, y tira otra vez.

Las casillas "obstáculo" son:

15 "¿Dónde estoy?" Lucas se ha perdido. El jugador tiene que esperar un turno sin jugar.

28 "¡Accidente!" Lucas se ha caído y no puede saltar. Dos turnos sin jugar.

37 "¡La pausa!" Lucas está cansado y duerme la siesta. Otro turno sin jugar.

45 "Tormenta!" A causa de la tormenta, Lucas no puede seguir su camino. Un turno sin jugar.

55 "¡La cigüeña asesina!" Obstáculo más peligroso. La cigüeña se come a Lucas. Hay que volver a la casilla n° 1.

Para llegar a la casilla final, la número 61, hay que sacar en el dado el número exacto, si no, habrá que retroceder tantas casillas como puntos sobren.

13 El juego de las recetas

Objetivos Preguntar por objetos y pedirlos.

Destrezas Comprensión escrita y auditiva. Expresión oral.

Vocabulario Verbos como *trocear, cortar, freír, pelar, tener, necesitar, dar, pasar*. Alimentos y especias, utensilios de cocina. Pronombres personales de complemento directo.

Recursos lingüísticos
Necesito …, ¿lo/la/los/las tienes tú? ▪ *No, lo siento, no* + pronombre + *tengo.* ▪ *Sí,* + pronombre + *tengo.* ▪ *¿Me* + pronombre + *pasas/das/puedes pasar, por favor?*

N° de participantes Grupos de 4.

Duración aproximada 20 min.

Material 1 fotocopia por grupo de las recetas, recortada en cuatro partes. 1 fotocopia por grupo de los ingredientes, también recortada.

Propuesta de juego:

Se reparten a cada grupo las recetas y los ingredientes. Cada jugador obtendrá una receta y 5 tarjetas con ingredientes, que previamente se habrán barajado bien para que entre las tarjetas no estén los ingredientes que necesitan. El profesor introduce el juego diciendo que cada jugador es un "chef" de cocina española, y que están en un congreso de cocina internacional en el que tienen que preparar un plato típico de la cocina española. Sin embargo, existe un problema: los ingredientes que necesitan están repartidos entre todos ellos (son los que corresponden a las tarjetas). En las recetas que tienen están subrayados los ingredientes que les faltan. El juego consiste en preguntar a uno de los componentes si tiene el ingrediente que se busca y, en caso afirmativo, pedírselo. El jugador que pregunta podrá dirigirse a cualquier componente del grupo, en el caso de que éste tenga el ingrediente deseado deberá entregarlo obligatoriamente, y aquél podrá seguir preguntando. En el caso de que el jugador preguntado no tenga el ingrediente, deberá decir que no lo tiene y, entonces, podrá seguir él preguntando por los ingredientes que le faltan. El juego terminará cuando todos tengan los ingredientes que necesitan.

Para ejercitar los pronombres, el profesor puede proponer el siguiente esquema de diálogo:

– *"Necesito los melocotones, ¿los tienes tú?"*
– *"No, lo siento, no los tengo"*, o también *"Sí, los tengo"*.
– En caso afirmativo: *"¿Me los pasas/das/puedes pasar, por favor?"*
– *"Sí, claro"*.

En la medida que existan los medios, el profesor puede también preparar las recetas con los alumnos (o, al menos, una de ellas) en una cocina real, intentando utilizar con la mayor frecuencia posible los pronombres al pedir y al pasarse los ingredientes.

14 Dominó

Objetivos Relacionar objetos, razonar el porqué.

Destrezas Comprensión auditiva. Expresión oral.

Vocabulario Los alumnos deberán conocer ya los nombres de todos los objetos que aparecen en el dominó. Si desconocen algunos, se introducirán al comienzo del ejercicio. También deberían conocer nombres de materiales (*madera*, *cristal*, etc.) o genéricos (*aparato eléctrico, mueble, animal*, etc.) para poder relacionar mejor los diversos objetos.

Recursos lingüísticos
Sirve para ..., funcionan con ..., ▪ *El ...y la ... son de la misma familia* (muebles, alimentos ...), *porque ...*

N° de participantes Grupos de 4.

Duración aproximada 20 min.

Material 1 fotocopia del dominó por cada grupo.

Propuesta de juego:

Se reparte a cada grupo una fotocopia del dominó, que deberá doblar y dividir hasta que estén separadas las 28 fichas del dominó. El profesor puede, naturalmente, efectuar este trabajo previamente en casa (si, además, las fotocopias se hacen sobre cartulina, las fichas podrían servir para juegos sucesivos). Las fichas se disponen boca abajo en el centro de la mesa. Cada componente del grupo elige 7. Puede empezar el alumno que tenga la ficha con el abanico, por ejemplo. Por riguroso turno, cada alumno deberá añadir una ficha a cualquiera de las que están en los dos extremos de la cadena, explicando cuál es la relación existente entre el objeto que él añade y el que se encuentra en el extremo elegido. Por ejemplo, si la última ficha del dominó muestra la mano, el siguiente jugador podra añadir el pie, explicando: *"El pie va con la mano, porque los dos son partes del cuerpo humano"*. También podría haber anadido la ficha con la guitarra, aduciendo: *"Con la mano tocamos la guitarra"*. Todo esto, naturalmente, en el supuesto de que el jugador posea la ficha adecuada. El resto del grupo deberá siempre juzgar si una relación es aceptable o no. Quien, en un determinado momento, no pueda o no sepa establecer una relación válida, deberá decir "paso" y esperar al turno siguiente. Existen dos fichas con comodines: el jugador que utilice una ficha con comodín, deberá dar el nombre de un objeto cualquiera en lugar de su comodín, y el siguiente jugador deberá relacionar alguna de sus fichas con el objeto designado en sustitución del comodín.

15 El tesoro de Barbarrayas

Objetivos Describir lugares y recorridos, dar instrucciones.

Destrezas Comprensión escrita y auditiva. Expresión oral.

Vocabulario Preposiciones de lugar. Verbos como *cruzar, ir a, atravesar, seguir por, a la derecha, todo recto*, etc.

Recursos lingüísticos
Hay que pasar por ... ▪ *Tiene(s) que cruzar por ...* ▪ *Sigue/Siga por ...*

N° de participantes 4 por grupo.

Duración aproximada 20 min.

Material 1 fotocopia de 1 plano por persona.

Propuesta de juego:

El profesor divide la clase en grupos de 4. A cada grupo se le reparte una fotocopia de los cuatro planos, que deberá ser dividida en cuatro partes lo más pronto posible, a fin de evitar que los alumnos de un mismo grupo vean durante mucho tiempo los cuatro planos juntos (o el profesor divide los planos previamente). Cada uno de los componentes obtendrá un plano de la Isla del Tesoro, en el que está dibujada una ruta.

El profesor introduce el juego, contando una historia como por ejemplo: *"Erase una vez un temido pirata llamado Barbarrayas. Durante su vida de pirata, acumuló grandes tesoros y, antes de morir, los escondió en una isla"*.

Existen cuatro planos del tesoro, pero los cuatro son falsos; sin embargo los necesitamos para saber dónde está escondido el tesoro. Para encontrar el lugar, cada componente del grupo debe explicar a sus compañeros por dónde pasa su camino, y los otros deberán dibujarlo en sus respectivos mapas, siguiendo las instrucciones. (El tesoro está en el punto donde se cruzan los cuatro caminos). El punto de salida de cada ruta es siempre uno de los cuatro barcos. La llegada está indicada por medio de una cruz. El grupo que primero logre descubrir dónde se cruzan los cuatro caminos habrá descubierto el tesoro.

16 El desván

Objetivos Expresar interés por objetos, pedir y expresar opinión sobre objetos, repartir objetos y tomar decisiones.

Destrezas Comprensión escrita y auditiva. Expresión oral.

Vocabulario Objetos representados en las tarjetas, verbos como *interesar, gustar, dar, regalar, coleccionar*. Pronombres personales de complemento directo e indirecto y formas tónicas después de preposición.

Recursos lingüísticos
Aquí tenemos un/una/unos/unas ... ▪ *Me interesa/me lo quedo/lo quiero.* ▪ *No lo quiero, ¿lo quieres tú?* ▪ *Yo sí. Yo no. Yo tampoco.* ▪ *A mí me interesa. A mí no. A mí tampoco. A mí sí.* ▪ *¿Se lo podemos dar a ...?* ▪ *¿Podemos regalárselo a ...?* ▪ *¿Se lo damos a ...?* ▪ *Nombre de la persona + lo quiere porque colecciona ...* ▪ *Este para ... y éste para ...*

N° de participantes Grupos de 6.

Duración aproximada 20 min.

Material 2 fotocopias, una de los 25 objetos y otra de las tarjetas ya recortadas, y un recipiente por grupo.

Propuesta de juego:

Si el profesor lo considera oportuno, puede repasar el vocabulario que aparece en el juego para asegurarse de que todos conocen las palabras. Después se divide la clase en grupos de 6 personas y se les explica que, al cambiarse de casa, han encontrado una caja con cosas viejas en el desván. El objetivo del juego es repartir los objetos entre los miembros del grupo, según los intereses de éstos. Cada uno recibe una tarjeta con los objetos que él y otros amigos suyos coleccionan. A continuación, se ponen todos los objetos en una bolsa de plástico (o un estuche para lápices, o cualquier otro recipiente) y, por turnos, cada componente saca uno de los objetos diciendo: "Aquí tenemos un ..." entonces él puede decidir si lo quiere o no. Si no le interesa, les pregunta a los otros componentes quién lo quiere.

Ej.: un jarrón
- "*Aquí tenemos un jarrón. Yo no lo quiero, ¿y tú?*"
- "*Yo tampoco, ¿Y vosotros?*"
- "*No, pero Carlos colecciona jarrones. Se lo podemos dar a él.*"
- "*Pepe y Juanjo también coleccionan jarrones. ¿Se lo damos a ellos?*"

Hemos puesto entre los objetos del desván algunos repetidos, porque puede ocurrir que dos personas coleccionen lo mismo. En ese caso, se puede buscar la otra tarjeta y decidir quién se queda con qué.
- "*¡Vamos a buscar el otro jarrón!*"
- "*Entonces este jarrón para Carlos y éstos para Pepe y Juanjo.*"

17 Perdido y encontrado

Objetivos Ubicar, dar instrucciones, indicar el camino.

Destrezas Comprensión auditiva y expresión oral.

Vocabulario Campo semántico "indicar el camino": *cruzar, girar, atravesar, seguir, ir, pasar por, a la derecha, a la izquierda, todo recto, al final de, en la esquina, calle, plaza.* Imperativo, preposiciones y adverbios de lugar.

Recursos lingüísticos
¡Se me ha perdido...! ▪ *¡He perdido a...!* ▪ *¿Quién sabe dónde está mi...?* ▪ *¿Cómo puedo encontrar mi...?* ▪ *Sigue/Siga por...* ▪ *Tiene(s) que seguir por...* ▪ *Gira/Gire...* ▪ *Cruza/Cruce...* ▪ *Pasa/Pase por...*

N° de participantes Grupos de 4.

Duración aproximada 20 min.

Material 1 fotocopia de los cuatro planos ya recortados por grupo.

Propuesta de juego:

Se divide la clase en grupos de cuatro. Si faltan alumnos, se pueden hacer una o dos parejas. Cada jugador recibe un plano (en los grupos de 2, cada uno recibirá dos planos). En la parte inferior derecha están anotadas las personas que buscan y qué es lo que buscan. En cada plano hay dos personas que buscan y dos personas, objetos o animales que son buscados. Los alumnos deberán preguntarse entre sí quién tiene lo que ellos buscan, y el jugador que lo tenga deberá, primero, preguntarle dónde se encuentra y, segundo, explicarle el camino que va desde su posición hasta donde está lo que busca. Está claro que no se admiten respuestas del tipo – "Lo que buscas está al lado de la panadería" – sino que se trata de describir recorridos. El éxito de la búsqueda dependerá, naturalmente, de que la explicación sea clara y precisa. Los jugadores deberán marcar en su plano los recorridos efectuados.

18 ¿Quedamos?

Objetivos   Hacer invitaciones, presentar excusas y concertar citas.

Destrezas   Todas.

Vocabulario   La hora, tiempo libre, partes del día, días de la semana, verbos como *querer, apetecer*, etc.

Recursos lingüísticos
¿Vamos a + infinitivo? ▪ *¿Tienes ganas de* + infinitivo? ▪ *Sí, claro/bueno/vale.* ▪ *Lo siento, no puedo, es que …* ▪ *¿Quedamos/nos vemos* + día + *para* + infinitivo?

N° de participantes   Grupos de 3.

Duración aproximada   20 min.

Material   30 tarjetas previamente recortadas. 15 invitaciones (se reconocen porque llevan el signo "¿?" y en ellas están dibujadas las intenciones), 15 excusas (son hojas de una agenda con los compromisos) y una hoja en blanco por alumno.

Propuesta de juego:

Cada uno de los tres componentes del grupo recibe al azar 5 invitaciones, 5 excusas e improvisa en un papel una hoja de agenda, escribiendo de arriba abajo los 7 días de la semana. El objetivo del juego es concertar citas con los otros dos miembros del grupo. Para ello, y por turnos, cada uno deberá hacer una invitación indicando día y hora y ponerla encima de la mesa. El compañero preguntado debe buscar entre sus hojas de agenda una excusa adecuada (es decir, un compromiso en el mismo día y hora), excusarse debidamente y dejar la tarjeta de excusa sobre la mesa. Si no la tiene, deberá aceptar la invitación y los dos apuntan la cita en sus agendas (¿cuándo? ¿con quién? ¿para qué?). Ejemplo de diálogo:

A: *"¿Quedamos el martes para ir al cine?"*
B: *"Depende, ¿a qué hora?"*
A: *"Sobre las 7 de la tarde."*
B: *"Lo siento, no puedo … es que los martes a las 7 tengo curso de informática"*, o: *"Sí, el martes puedo."*

(y apuntan la cita en sus agendas). Las tarjetas que se colocan sobre la mesa ya no se utilizan más. El juego termina cuando ya no quedan invitaciones. Al final, el profesor puede preguntar a los alumnos qué compromisos tienen para la próxima semana.

19 Buscar alojamiento

Objetivos   Hablar de hábitos y aficiones, hacer concesiones, ponerse de acuerdo, tomar decisiones.

Destrezas   Todas.

Vocabulario   Campo semántico "hábitos y aficiones": *acostarse, dormir, levantarse, fumar, beber, gustar, odiar, encantar, soler, apetecer, oír música, tocar instrumentos*, etc. Partes del día, días de la semana, adverbios de frecuencia y de tiempo *(tarde, temprano)*.

Recursos lingüísticos
¿A qué hora + verbo? · *¿Te gusta …?* ▪ *A mí sí. A mí también.* ▪ *A mí no. A mí tampoco.* ▪ *Me da igual.* ▪ *Si tú* + condición, *entonces yo* + concesión. ▪ *No soporto a la gente que* + verbo, *a la gente* + adjetivo. ▪ *No me molesta.*

N° de participantes   Grupos de 10.

Duración aproximada   30 min.

Material   Una fotocopia de las tarjetas ya recortadas por grupo y una hoja en blanco por jugador.

Propuesta de juego:

De cada grupo, 3 personas son las que ofrecen alojamiento (residencia, familia y piso de estudiantes). Las otras 7 tarjetas son estudiantes extranjeros que quieren hacer un curso de español en un país de habla hispana y buscan alojamiento. Si sobran alumnos se les reparten más tarjetas de personas que buscan piso y se les dice que les pongan otro nombre.

El objetivo del juego es entrevistar a los demás sobre hábitos y aficiones (estudiantes entre sí y estudiantes con los que ofrecen alojamiento), al mismo tiempo, tomar nota sobre la información que se recibe para luego poder decidir dónde y con quién vivir. Cada persona puede tener puntos de afinidad con otra, así que también se trata de hacer concesiones sobre los puntos de fricción y de llegar a un acuerdo satisfactorio.

Una vez terminado el juego, se puede hacer una puesta en común para comparar los resultados.

20 ¿Qué te han traído los Reyes?

Objetivos   Expresar desilusión, entusiasmo e indiferencia.

Destrezas   Comprensión escrita y auditiva. Expresión oral.

Vocabulario   Artículos de regalo: *libros, juegos, cintas*, etc. Aficiones: *leer, cocinar, coleccionar*, etc. Verbos como *soportar, odiar, preferir, encantar*. Relaciones de parentesco.

Recursos lingüísticos
¿Qué te han traído los Reyes? ▪ *¡Qué bonito, interesante ...!* ▪ *¡Es horrible! Me encanta, sólo que ...* ▪ *Mi regalo no me gusta* ▪ *¿Para qué quiero yo esto?* ▪ *No está mal, pero ...* ▪ *Lo tengo repetido/Ya lo tengo. ¿Lo quieres tú?*

N° de participantes   Grupos de 8.

Duración aproximada   20/30 min.

Material   8 tarjetas ya recortadas y una cuartilla de papel en blanco por jugador.

Propuesta de juego:

Cada miembro del grupo recibe un personaje. Se les dan 5 minutos para identificarse con el personaje y preguntar lo que no entiendan. Para que los jugadores puedan reconocer con quién están hablando es conveniente que, antes de empezar, cada alumno haga un cartelito con el nombre de su personaje, que podrá prender en sus ropas con un clip o un trozo de celo, o bien tener en la mano a la vista de todos.

Para este juego es imprescindible conocer la costumbre española de los Reyes Magos, que traen los regalos la noche del 5 al 6 de enero. Entonces se les explica que están en una comida familiar en casa de los abuelos y que están hablando sobre los regalos que han recibido de los Reyes. Los alumnos deberán moverse por la clase e intercambiar opiniones sobre sus regalos. Se trata, sobre todo, de expresar sentimientos de agrado, desagrado, desilusión ... frente al interlocutor. **¡Cuidado!** En las tarjetas están nombradas las personas que han hecho los regalos que no gustan: ante ellas, naturalmente, el jugador tendrá que mentir, intentando esconder el desagrado o la desilusión. Algunos personajes han recibido regalos que tienen repetidos o que no les interesan mucho y que podrán regalar a otros familiares según los intereses o gustos de éstos.

21 Vacaciones

Objetivos   Expresar intereses, gustos, opinión e intenciones. Tomar decisiones. Expresar acuerdo o desacuerdo.

Destrezas   Comprensión escrita y auditiva. Expresión oral.

Vocabulario   Campo semántico "vacaciones": *ir de vacaciones, esquiar, pescar, salir por la noche, pasarlo bien ...* Adjetivos que describen el carácter: *extrovertido, tranquilo, alegre ...* Verbos que expresan sentimiento: *gustar, ... no soportar...* Verbos para expresar deseos: *me gustaría, quisiera ...*

Recursos lingüísticos
¿A dónde quieres (te gustaría) ir? ▪ *Me gustaría ir a ...* ▪ *¿Qué te gusta hacer?* ▪ *Me gusta ... Me encanta ...* ▪ *¿Cómo eres?* ▪ *Soy extrovertido(-a) ... Soy bastante tranquilo(-a) ...* ▪ *¿Qué tipo de gente no te gusta (no te cae bien)?* ▪ *No soporto a la gente ...* ▪ *Yo también quiero ir a ...* ▪ *Podemos ir juntos, ¿qué te parece?* ▪ *Vale, de acuerdo ...* ▪ *No me parece buena idea porque ...*

N° de participantes   Grupos de 10.

Duración aproximada   20/30 min.

Material   1 fotocopia de las 10 tarjetas por grupo (previamente recortadas). 1 fotocopia de los "destinos" por grupo.

Propuesta de juego:

El profesor divide la clase en grupos de 10 y reparte a cada componente una tarjeta. Después les explica la situación: Todos los componentes del grupo trabajan en una misma empresa, un despacho de arquitectos. Han terminado un proyecto muy importante con muy buenos resultados y, por esta razón, la empresa les paga una semana de vacaciones. Pueden elegir entre cinco destinos.

Se trata de que los jugadores de un mismo grupo se muevan por la clase preguntándose por sus gustos, aficiones, carácter... y que decidan al final con quién y a dónde se van de vacaciones, según las preferencias de los personajes a los que representan. Si el profesor tiene la posibilidad de trabajar con transparencias, puede hacer una de los destinos y proyectarla durante toda la duración del juego. En caso contrario, se hace una fotocopia para cada grupo y se coloca en un lugar visible para que cada alumno vaya a verla cuando lo necesite.

El juego está preparado para que, al final, se formen grupos de dos personas por destino. Los grupos resultantes y sus correspondientes destinos de vacaciones son los siguientes:

– Santiago y Almudena, a esquiar a los Pirineos.
– Cari y Javier, al Camino de Santiago.
– Mercedes y Lorenzo, a Mallorca.
– Andrés y Consuelo, a los Picos de Europa.
– Silvia y Marcos, a la isla de La Toja.

Si no hay suficientes alumnos para formar grupos de 10, se puede hacer algún grupo más pequeño eliminando las correspondientes "parejas". No importa que se mantengan los destinos.

22 ¿Dígame?

Objetivos Identificar números, llamar por teléfono, expresar quejas, reaccionar ante situaciones conflictivas (énfasis, irritación...), llegar a un acuerdo, tomar decisiones.

Destrezas Comprensión escrita y auditiva. Expresión oral.

Vocabulario Campo semántico "llamar por teléfono". Verbos como *marcar (un número), coger (el teléfono), molestar, poder, tener, querer, llegar a un acuerdo,* etc. Imperativo de los verbos (por ejemplo: para dar instrucciones). Palabras como *gerente, recepción, agotado (un producto), queja, suplemento, limpiabotas,* etc.

Recursos lingüísticos
¿Dígame? ▪ *¿Diga?* ▪ *¿Está el señor ...?* ▪ *Puedo (podría) hablar con ...?* ▪ *Sí, soy yo. ¿Con quién hablo? ¿Qué desea?* ▪ *Le llamo porque ...* ▪ *Quería decirle que ...* ▪ *Haga el favor de +* verbo. ▪ *(No)Podría +* verbo *+ ...?* ▪ *Estoy harto(-a) de ...* ▪ *Me molesta ...* ▪ *Podemos llegar a un acuerdo si Vd ...* ▪ *No se preocupe.* ▪ *Lo siento, no volverá a ocurrir.*

N° de participantes Grupos de 6 (o de 3).

Duración aproximada 20/30 min.

Material 1 fotocopia de las tarjetas ya recortada por grupo.

Propuesta de juego:

Se divide la clase en grupos de 6. Cada jugador recibe una tarjeta en la que está su número de teléfono, su identidad, su queja y el número de teléfono de la persona a quien debe presentar la queja. Se les da a los jugadores un poco de tiempo para leer su tarjeta, identificarse con el personaje, con la queja y preparar su argumentación.

Por turno, un jugador "marcará" el número de la persona a quien quiere expresar su queja, diciendo los números en voz alta. Los demás jugadores deben estar atentos para comprobar si el número marcado es el suyo o no. Se trata de que la persona que llama presente su queja por teléfono y, entre los dos, llegar a un acuerdo lo más satisfactorio posible. Las tarjetas están preparadas de tal manera que cada jugador tenga que presentar una queja (llamar por teléfono) y recibir una (contestar a una llamada). Hemos introducido en cada relación un elemento de negociación, ya que los alumnos que telefonean entre sí deben llegar a un acuerdo. En las tarjetas ya existe una ayuda que facilita la solución del conflicto. Por ejemplo: Jaime Serrano llama a la recepcionista del hotel para quejarse de que su habitación es muy ruidosa (conflicto). La recepcionista contesta que sólo queda una habitación interior doble, y que cuesta 2.000 ptas. más (posible solución).

Los grupos son de seis personas, pero las tarjetas están relacionadas telefónicamente de tres en tres. Esto quiere decir que, si no hay suficiente número de alumnos en la clase, pueden alternarse grupos de tres y de seis, teniendo en cuenta que las tarjetas relacionadas entre sí son:

– Carlos Pérez, Rufino González y Lola Bonet,
– Jaime Serrano, Eugenia Corrales y Carmela Ortega.

23 Turistas en Barcelona

Objetivos   Pedir información. Presentar información, preguntar precios, horarios ... Tomar decisiones.

Destrezas   Todas.

Vocabulario   Campo semántico "vacaciones": *hotel, pensión, medios de transporte, billete de ida, ida y vuelta, habitación doble, sencilla,* espectáculos y actividades para el tiempo libre.

Recursos lingüísticos

Necesito/Necesitamos ... ▪ *Quisiera/quería reservar, visitar, ir a ...* ▪ *¿A qué hora sale, abre, es ...?* ▪ *¿Cuánto se tarda en llegar a ...?* ▪ *¿Cómo se llega/va a ...?* ▪ *¿Qué servicios tiene el hotel ...?* ▪ *¿Dónde está ...?*

N° de participantes   Grupos de 12.

Duración aproximada   30/45 min.

Material   1 fotocopia de las tarjetas ya recortadas por grupo.

Propuesta de juego:

Se colocan cuatro mesas en el centro de la clase, que serán las diferentes secciones de la Oficina de Información y Turismo de Barcelona. Si se hacen más grupos, se colocan las mesas estratégicamente. A continuación, se reparten los papeles. Hay ocho turistas con unas características y unas necesidades determinadas y cuatro empleados de Información y Turismo encargados de las secciones de "hoteles", "excursiones", "espectáculos" y "transportes". Como siempre, se les da cinco minutos para identificarse con su personaje y preguntar lo que no entiendan. Entonces, los turistas van a las diferentes secciones de las oficinas de Turismo para obtener la información que necesitan. Cada turista tiene que encontrar las respuestas a las preguntas que tiene en su tarjeta. Cuando todos han terminado, se puede hacer una puesta en común comparando los resultados. Si hay más de doce alumnos, se pueden hacer dos grupos, o si no, se pueden repetir los turistas. Si hay menos, se puede eliminar a algún turista.

24 ¿Qué me pasa, doctor?

Objetivos   Expresar dolores. Pedir consejo/remedio. Dar consejo/remedio. Tomar decisiones.

Destrezas   Comprensión escrita y auditiva. Expresión oral.

Vocabulario   Campo semántico "médicos": *internista, fiebre, vómitos, náuseas, dolor, partes del cuerpo, acidez, diagnóstico, vahos, infusión, tratamiento, supositorio, jarabe, gotas, pastillas, pomada,* etc. Verbos como *doler, tener, vomitar, respirar, frotar, estar mareado(-a).*   Pomada - perfumed ointment
                                                                                     rub

Recursos lingüísticos

¿Qué le pasa? ▪ *¿Qué le duele?* ▪ *Me duele el/la ...* ▪ *Tengo tos/fiebre/náuseas ...* ▪ *Tengo dolor de ...* ▪ *¿Como se siente?* ▪ *Muy mal/fatal/un poco mejor, pero ...* ▪ *¿Qué me recomienda?* ▪ *Le voy a recetar...* ▪ *Báñese, tome ...* ▪ *Tiene que* + infinitivo.

N° de participantes   Grupos de 6.

Duración aproximada   20/30 min.

Material   1 fotocopia de las 6 tarjetas ya recortadas por grupo.

Propuesta de juego:

Se divide la clase en grupos de seis. Tres componentes reciben el papel de médico y los otros tres el de pacientes. Los pacientes padecen una serie de síntomas que tendrán que exponer a los médicos y decidirán cuál es el tratamiento más adecuado para su enfermedad o dolencia. Cada médico tiene un tratamiento para cada dolencia (gripe, empacho, insolación y quemaduras): un tratamiento pertenece a la medicina tradicional, otro a la naturista y otro es una barbaridad.

Se trata de que cada paciente visite a todos los médicos exponiéndoles sus síntomas y pidiendo el remedio. Al final, el paciente deberá escoger el que le parezca más adecuado. Para guiar un poco más el ejercicio, cada médico tiene unas preguntas que deberá hacer al paciente.

Si después de dividir la clase en grupos sobran alumnos, se les dan tarjetas de pacientes y se les incluye en un grupo ya formado, ya que no importa que dos pacientes del mismo grupo tengan los mismos síntomas.

25 Una cena familiar

Propuesta de juego:

Se divide la clase en grupos de 14. Se les explica que los abuelos cumplieron el domingo sus bodas de oro y, para celebrarlo, hicieron una gran cena. Por eso es importante utilizar los tiempos del pasado. Ahora se trata de reconstruir cómo estaban sentadas las personas a la mesa. Para ello, cada grupo recibe un plano de la mesa con los sitios vacíos. Cada componente del grupo recibe la foto y la caracterización de uno de los comensales. Se trata de reconocer por las conversaciones, por el aspecto físico y por las relaciones de parentesco, quiénes eran sus compañeros de mesa y en qué orden estaban sentados. Así pues, los componentes del grupo se hacen preguntas entre sí y toman notas sobre las pistas que reciben de cada uno de los comensales. Conforme vayan obteniendo la información deben ir colocando en el plano vacío las fotos según el orden que van reconstruyendo. El orden correcto es, empezando por la anfitriona y en sentido contrario a las agujas del reloj, 1. Doña Cecilia, 2. Adolfito, 3. Blanca, 4. Elisa, 5. Javier, 6. Doña Elvira, 7. Don Alfonso, 8. Don Paco, 9. Alicia, 10. Josechu, 11. Paloma, 12. Doña Luisa, 13. Don Jordi, 14. Don José. (Es el orden en el que aparecen las tarjetas en el libro).

Si en la clase no hay suficientes alumnos para formar 2 o más grupos, alguno de los componentes tendrá más de un personaje.

Al final del juego, el profesor puede utilizar los textos de las tarjetas para un ejercicio de gramática sobre los tiempos del pasado. Por eso los hemos subrayado. Se trataría de explicar por qué se usa el imperfecto o el indefinido en cada caso.

26 ¡La noticia!

Propuesta de juego:

Se divide a la clase en grupos de 3 y se reparte a cada componente una declaración. Se les da tiempo para leerlas y preguntar las palabras que no entiendan. A continuación se les explica que son periodistas y que están en la redacción de su periódico para redactar un artículo sobre la separación de la famosa cantante Carmen "La Tormento". Cada periodista ha entrevistado a una de las 3 personas relacionadas con el asunto: a Carmen "La Tormento", a su marido Juanito "El Atún" y a un amigo de los dos.

El juego consta de dos partes bien diferenciadas: En la primera se trata de reunir todas las informaciones y, para ello, cada uno de los componentes explica a los demás qué le ha dicho su personaje y el resto toma nota de la información más importante. Ya que se trata de utilizar el estilo indirecto, el profesor puede (si lo considera oportuno) repasar la concordancia de tiempos y decidir, según el nivel de los alumnos, si el verbo introductorio debe estar en pretérito perfecto ("Carmen ha dicho que ...") o pretérito indefinido ("Carmen dijo que ..."). En la segunda parte se trata de que los alumnos redacten entre los tres un artículo para su periódico, mezclando las informaciones más importantes y decidiendo qué debe aparecer en el artículo y de qué forma.

El profesor puede introducir una variación estilística en el ejercicio: así, unos alumnos podrían escribir un artículo de prensa sensacionalista para el periódico "El Escándalo del Día", otros para un periódico informativo corriente "El Noticiero" y otros para la revista divulgativa "Cosas".

Una vez terminados los artículos, se puede hacer una puesta en común de los resultados leyendo las diferentes versiones. El profesor puede corregirlas en casa.

27 Buscando casa en Madrid

Objetivos   Pedir y dar información, expresar necesidades, intereses y preferencias, convencer, tomar decisiones.

Destrezas   Todas.

Vocabulario   Campo semántico "buscar casa": *piso, apartamento,* nombres de las habitaciones, *superficie, alquilar, alquiler, amueblado, vacío, metro, parada, barrio, servicios.* Abreviaturas como *C/, Pl., Avda., izda., dcha., n°, 1°, 2°, 3°, 4°.*

Recursos lingüísticos
¿Qué desea(n)? ▪ *Quería/Queríamos/quisiera/quisiéramos ...* ▪ *Tenemos ...* ▪ *Le(s) podemos ofrecer ...* ▪ *Necesito/Necesitamos ...* ▪ *Estamos buscando una casa con (en) ...* ▪ *¿Qué características tiene la casa?* ▪ *Tiene ascensor/ balcón/buenas comunicaciones ...* ▪ *¿Cuántos dormitorios (habitaciones) tiene?* ▪ *¿Qué precio tiene?* ▪ *¿Cuánto cuesta el alquiler?* ▪ *¿Se puede fumar, tocar la guitarra, tener animales...?* ▪ *No se puede.* ▪ *No está permitido.* ▪ *Sí, claro, no es ningún problema.* ▪ *Lo siento, no me (nos) interesa, gracias por la molestia.* ▪ *Me lo/la quedo.*

N° de participantes   Grupos de 8.

Duración aproximada   30/45 min.

Material   1 fotocopia de los personajes y otra de las ofertas ya recortadas por grupo. Una hoja en blanco por jugador.

Propuesta de juego:

Se divide la clase en grupos de 8. Si no hay alumnos suficientes para formar grupos completos, se pueden eliminar clientes que buscan casa. Tres componentes reciben las diferentes ofertas inmobiliarias y los otros cinco reciben las tarjetas de las personas que buscan piso. Los agentes inmobiliarios deberían estar separados del grupo (sentados en mesas diferentes, por ejemplo).

El profesor explica el juego diciendo que los cinco clientes deben buscar en las tres agencias la casa que más se adecúe a sus deseos. Para ello irán de agencia en agencia explicándole a los agentes qué tipo de casa buscan. Los agentes, por su parte, intentarán convencerles de que tienen lo que buscan. Los clientes irán apuntando en una hoja las características de las casas que les puedan interesar, para luego decidirse por una. Los agentes apuntarán los datos personales de los clientes a los que consigan alquilar una casa.

Hemos concebido los recursos lingüísticos de manera que no aparezcan estructuras con subjuntivo (*"busco una casa que ..."*). Si los alumnos ya conocen este uso del subjuntivo, también pueden practicarlo. Es decisión del profesor.

Una vez terminado el juego, es posible hacer una puesta en común en las que los clientes explican qué casa han elegido y por qué, y los agentes pueden explicar qué casas han quedado libres y por qué no las han podido alquilar.

28 Biografía

Propuesta de juego:

Se divide la clase en grupos de tres y se les explica la situación: una revista colombiana ha decidido publicar una serie de artículos sobre "Mujeres interesantes del siglo XX". Los componentes de cada grupo son los periodistas encargados de escribir la biografía de Adela Clavour (1900−1965). El profesor escribirá el nombre del personaje junto con las fechas de nacimiento y muerte en la pizarra. Cada componente se ha encargado de investigar sólo sobre una parte de su vida.

Se trata de completar la biografía entre todos, intercambiando la información. Para ello, cada alumno recibe una hoja con las fechas más importantes de la vida de Adela y los hechos ocurridos sólo en una parte de ésta. Se les da un poco de tiempo para familiarizarse con la información y preguntar lo que no sepan. El texto que reciben los alumnos está en presente. El alumno deberá contar su parte a los demás, poniendo los verbos que aparecen en su relato en los tiempos del pasado adecuados y escribiéndolos en su texto encima de los correspondientes verbos en presente. El resto del grupo deberá copiar el texto dictado por él. Cuando éste termine, continuará la narración el alumno que tenga los datos siguientes por orden cronológico y así hasta terminar la biografía.

Al final del ejercicio y a modo de corrección, el profesor puede proyectar una transparencia de su versión y comentar con los alumnos los usos de los pasados.

Como actividad adicional, el profesor puede pedir a los alumnos que escriban un retrato psicológico de la protagonista, o que profundicen un poco en una parte de su vida.

29 El amor es ciego

Propuesta de juego:

Se divide la clase en grupos de 3 y se reparten las parejas de la manera siguiente: Un componente de un grupo tira una vez para elegir al hombre y otra para elegir a la mujer. Según la cifra sacada en las tiradas le tocarán los números del hombre y de la mujer correspondientes. El segundo grupo repite la operación pero no puede obtener los mismos números que el grupo anterior, así que, si el grupo obtiene un número que ya haya salido, deberá repetir la tirada hasta obtener uno distinto. Se procederá de esta manera hasta que cada grupo tenga una pareja. Si en la clase no hay grupos suficientes, no importa que queden parejas sin formar.

El profesor explica a los alumnos que se trata de que cada grupo invente las respuestas al siguiente cuestionario que previamente habrá escrito en la pizarra:

– ¿Cuándo os conocisteis?
– ¿Dónde?
– ¿Cómo pasó?
– ¿Porqué os enamorasteis?

– ¿Qué cosas tenéis en común y qué cosas no?
– ¿Qué planes tenéis para el futuro?

Lo más probable es que las parejas resultantes sean un poco extrañas, así que se trata de usar la imaginación. Cada grupo redactará un texto contestando a las preguntas y evitando el estilo telegráfico. Al final del tiempo asignado para redactar el texto (digamos 20–30 min.), los grupos se enseñarán las parejas y se harán mutuamente las preguntas del cuestionario. Hay 6 preguntas, así que cada componente deberá contestar a dos de ellas. De esta manera, todos participan activamente.

30 Ensalada de cuentos

Objetivos Hablar de hechos y circunstancias pasadas, reaccionar ante situaciones inesperadas, expresar acuerdo o desacuerdo.

Destrezas Todas.

Vocabulario Campo semántico "cuentos de hadas": *encantar, perderse, luchar, volar, convertirse en, mágico, malvado, hermoso,* etc. El vocabulario que aparece en las tarjetas.

Recursos lingüísticos
Erase una vez ... ▪ *... colorín colorado, este cuento se ha acabado.* ▪ *... vivieron felices y comieron perdices.* ▪
... Elementos ordenadores del discurso: *entonces, luego, después, de pronto, de repente, mientras, a continuación ...*

N° de participantes Grupos de 4 ó 6.

Duración aproximada 30/45 min.

Material Las 24 tarjetas ya recortadas por grupo.

Propuesta de juego:

Se divide la clase en grupos de 4 o de 6, según el número de alumnos que tenga la clase. Todos los componentes reciben el mismo número de tarjetas. El profesor introduce entonces las fórmulas típicas para empezar y terminar un cuento. El juego consiste en redactar un cuento entre todos usando los elementos de las tarjetas. Para ello, uno de los componentes comienza con "Erase una vez ..." y coloca una de sus tarjetas diciendo una o más frases en pasado (relacionadas con la tarjeta que deja en la mesa). Al mismo tiempo, deberá escribir lo que ha dicho en la hoja en blanco y pasarla al siguiente. Este repite la operación eligiendo entre sus tarjetas la más adecuada para seguir la narración, y así sucesivamente hasta que se acaben las tarjetas. Todos los jugadores del grupo podrán discutir si una frase o relación es adecuada o no. Si la relación es difícil de establecer,

el grupo debe usar su imaginación, pensando que estamos en un cuento de hadas en donde todo es posible.

Al final se pueden leer los diferentes cuentos y comentar las diferentes versiones, ya que el contenido depende en gran parte del orden de las tarjetas, del sentido del humor y de la imaginación de los componentes del grupo.

Si lo considera oportuno, el profesor puede llevarse los cuentos a casa para corregirlos.

Otra posibilidad para jugar sería dar a cada grupo el mazo de tarjetas colocadas boca abajo sobre la mesa. Por turnos, cada jugador deberá destapar una y relacionarla con la anterior. Esta variante es un tanto más difícil, ya que el jugador no tiene la posibilidad de elegir entre varias tarjetas la que más le conviene.

Material fotocopiable

El paraguas	los guantes	la corbata
El bañador	los calcetines	el abrigo
La blusa	la camiseta	el traje
El pijama	el jersey	el calzoncillo

las botas	la gabardina	la bufanda
los vaqueros	el vestido	la chaqueta
la camisa	las medias	las bragas
los zapatos	los pantalones	la falda

1 ¡Recuerda! Alimentos

El chocolate	El pan	La lechuga
El queso	El arroz	Los pimientos
Las patatas	El aceite	La cebolla
La pera	La naranja	El limón

la mantequilla	El ajo	La leche
El jamón	El azúcar	El cordero
El huevo	la harina	la sopa
El plátano	la manzana	la mermelada

Nombre:	Pietro Martelli
País:	Italia, Bologna
Profesión:	arquitecto
Domicilio:	C/Bruc n° 35, 2° izda.
	Barcelona
Tel.:	(93) 56 78 34
Edad:	36 años
Est.civil:	casado (1 hijo)

Nombre:	Marina Piciardi
País:	Italia, Roma
Profesión:	peluquera
Domicilio:	Pl. España n° 9, 1°
	Barcelona
Tel.:	(93) 45 32 18
Edad:	27 años
Est.civil:	soltera

Nombre:	Hans Haart
País:	Holanda, Amsterdam
Profesión:	banquero
Domicilio:	C/García Lorca n° 35, 2°
	Granada
Tel.:	(958) 77 83 21
Edad:	46 años
Est.civil:	casado (3 hijos)

Nombre:	Lara van Dyk
País:	Holanda, Venlo
Profesión:	manager (BMW)
Domicilio:	Pl. Reyes n° 23, 1°A
	Cádiz
Tel.:	(956) 38 44 87
Edad:	32 años
Est.civil:	casada

Nombre:	John Marlowe
País:	Irlanda, Dublín
Profesión:	profesor de historia
Domicilio:	Pl. Mayor n° 8, 1°A
	Madrid
Tel.:	(91) 47 88 91
Edad:	46 años
Est.civil:	casado (2 hijos)

Nombre:	Susan Ferguson
País:	Irlanda, Cork
Profesión:	azafata
Domicilio:	Pl. Colón n° 34, 3°
	Alicante
Tel.:	(965) 64 23 50
Edad:	25 años
Est.civil:	soltera

Nombre:	Sean Hillary
País:	Inglaterra, Londres
Profesión:	ingeniero
Domicilio:	C/Goya n° 76, 1° dcha.
	San Sebastián
Tel.:	(943) 98 70 32
Edad:	51 años
Est.civil:	casado (4 hijos)

Nombre:	Jessica Mc Graw
País:	Escocia, Dundee
Profesión:	abogada
Domicilio:	C/Picasso n° 4, 2°B
	Málaga
Tel.:	(952) 34 56 78
Edad:	43 años
Est.civil:	divorciada

Nombre:	Gerd Genscher
País:	Austria, Linz
Profesión:	agente de seguros
Domicilio:	C/Palmeras n° 40, 3° izda. Alicante
Tel.:	(965) 66 45 29
Edad:	53 años
Est.civil:	divorciado

Nombre:	Julia Hoffmann
País:	Austria, Viena
Profesión:	jubilada
Domicilio:	C/Playa Azul n° 15 Santander
Tel.:	(942) 75 54 22
Edad:	67 años
Est.civil:	viuda

Nombre:	Sven Sorensen
País:	Suecia, Estocolmo
Profesión:	mecánico
Domicilio:	Pl. Cibeles n° 5, 3°A Madrid
Tel.:	(91) 35 67 99
Edad:	22 años
Est.civil:	soltero

Nombre:	Silke Olsen
País:	Noruega, Oslo
Profesión:	enfermera
Domicilio:	Avda. Luz n° 3, 1°A Málaga
Tel.:	(952) 23 14 87
Edad:	30 años
Est.civil:	soltera

Nombre:	Pierre Dupont
País:	Francia, Lyon
Profesión:	médico
Domicilio:	C/Dalí n° 24,1°A Zaragoza
Tel.:	(976) 45 67 89
Edad:	38 años
Est.civil:	casado

Nombre:	Nadine Dubois
País:	Francia, París
Profesión:	secretaria
Domicilio:	Avda. Este n° 2, 3°B Murcia
Tel.:	(968) 77 63 24
Edad:	28 años
Est.civil:	soltera

Nombre:	Stephan Müller
País:	Alemania, Berlín
Profesión:	ingeniero
Domicilio:	C/Baena n° 23, 2°A Sevilla
Tel.:	(954) 89 68 81
Edad:	40 años
Est.civil:	divorciado

Nombre:	Dagmar Lechner
País:	Alemania, Mainz
Profesión:	estudiante
Domicilio:	Avda. Felipe V n°22 Salamanca
Tel.:	(923) 11 47 83
Edad:	22 años
Est.civil:	soltera

Cuestionario 1

1. ¿De dónde es el médico?

2. ¿Cuántos años tiene Silke?

3. ¿Tiene hijos el profesor?

4. ¿Qué teléfono tiene Dagmar?

5. ¿Dónde vive el arquitecto?

6. ¿Está casado el ingeniero?

7. ¿De dónde es la secretaria?

8. ¿Cuántos años tiene Lara?

9. ¿En qué trabaja el sueco?

10. ¿Cómo se llama la abogada?

Cuestionario 2

1. ¿Cuántos años tiene Sven?

2. ¿Dónde vive Jessica?

3. ¿De dónde es el banquero?

4. ¿De dónde es la jubilada?

5. ¿Qué teléfono tiene Nadine?

6. ¿Está casado el francés?

7. ¿Qué apellido tiene Silke?

8. ¿Dónde vive el Sr. Müller?

9. ¿Qué es Dagmar?

10. ¿Quiénes están solteros?

Cuestionario 3

1. ¿Quiénes viven en Alicante?

2. ¿Qué es el de Dublín?

3. ¿Quién está jubilada?

4. ¿Qué teléfono tiene el holandés?

5. ¿Cuántos años tiene John?

6. ¿Dónde vive la azafata?

7. ¿En qué trabaja la noruega?

8. ¿Dónde trabaja Lara?

9. ¿Dónde vive el austriaco?

10. ¿Dónde vive el de Bologna?

Cuestionario 4

1. ¿De dónde es el arquitecto?

2. ¿Qué edad tiene la de Viena?

3. ¿Dónde vive el alemán?

4. ¿Qué es el de Londres?

5. ¿Quiénes están divorciados?

6. ¿Quién vive en la Avda. Luz?

7. ¿Dónde vive el sueco?

8. ¿Qué es la italiana?

9. ¿Qué edad tiene la abogada?

10. ¿Qué es el austriaco?

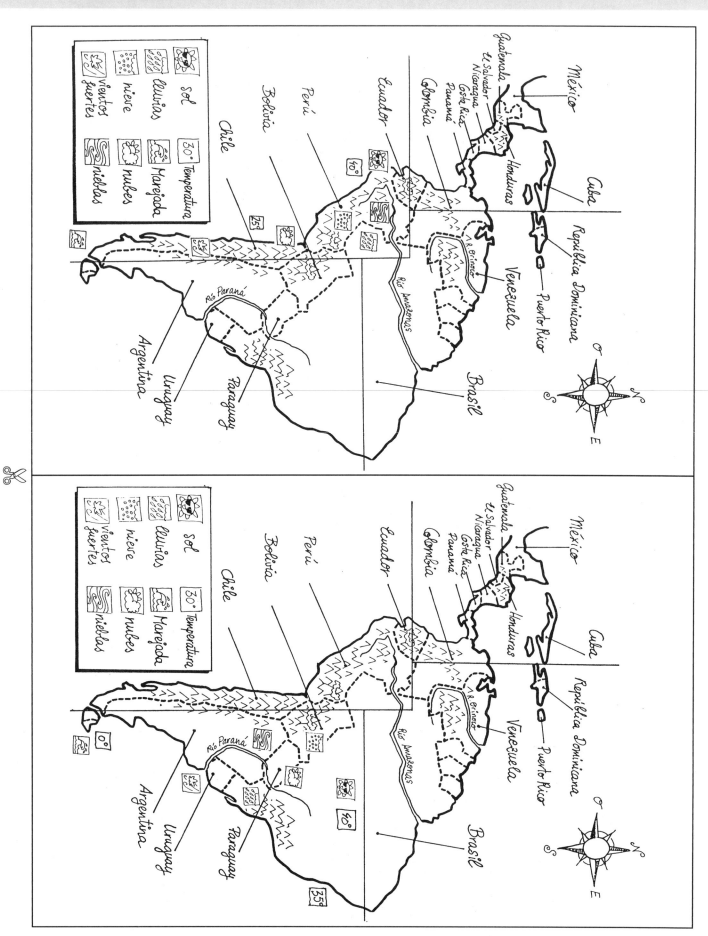

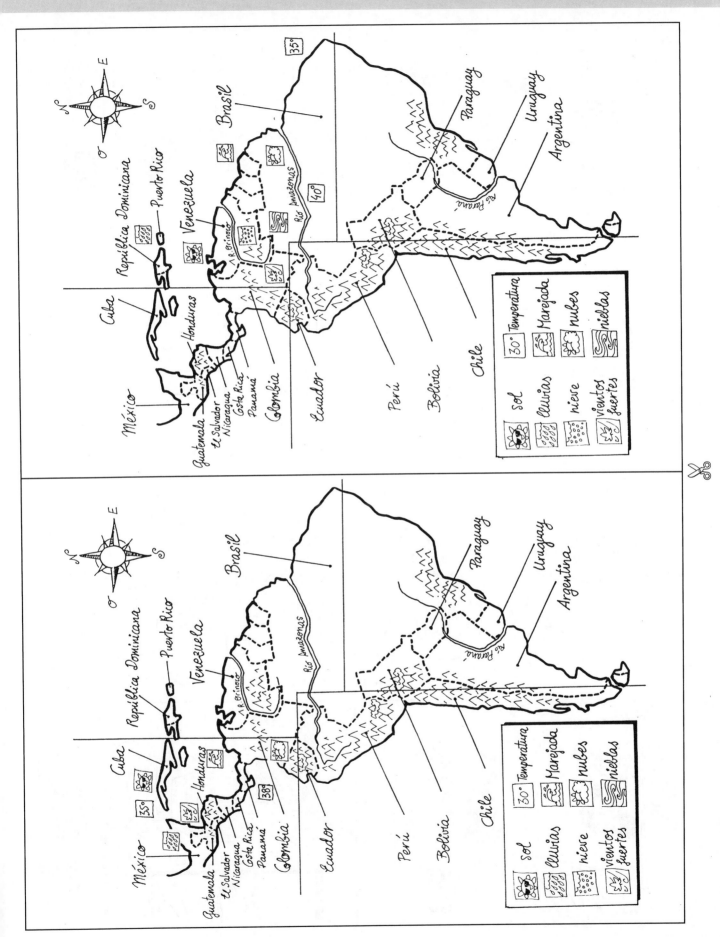

Paqui

15 SABADO

Cumpleaños
de mi marido

1 docena de huevos
1 Kg. harina
1 Kg. azúcar
1 tarro miel
100 grs. Salami
1 coliflor
1 lechuga
4 yogures naturales
1 botella de cava

Ana

6 SABADO

El jefe de
mi marido
viene a comer

250 grs. café
250 grs. champiñones
1 col
1 Kg. cordero
100 grs. jamón York
1 Kg. manzanas
1 bote mermelada de
fresa
2 botellas de vino

Carlos

3 SABADO

¡Horror,
mamá viene a
cenar y estoy
a fin de mes!

2 pollos
3 kgs. patatas
1 kg. pimientos rojos
1/2 kg. fresas (fruta favorita
de mamá)
2 ls. leche descremada
2 barras pan integral
1 bote mermelada de
naranja

Luisa

10 SABADO

Antonio (mi jefe)
viene a comer ♡

1 kg. ternera
(en filetes)
1 kg. arroz
1/2 kg. tomates
1 kg. pimientos verdes
1/2 kg. plátanos, peras,
fresas.
1 yogur de piña
1 paquete de café
1 limón
1 botella de cava

FRUTAS Y VERDURAS
peras	(1 Kilo)	201 ptas.	
plátanos	(1 Kilo)	125 ptas.	
pepinos	(1 Kilo)	56 ptas.	
tomates	(1 Kilo)	126 ptas.	
manzanas	(1 Kilo)	166 ptas.	
cebollas	(1 Kilo)	80 ptas.	
limones	(1 Kilo)	100 ptas.	
lechuga	(unidad)	50 ptas.	
col	(unidad)	63 ptas.	

CARNE
ternera	(500 grs.)	760 ptas.
cordero	(500 grs.)	604 ptas.
pollo	(unidad)	328 ptas.
jamón York	(100 grs.)	145 ptas.
salami	(100 grs.)	175 ptas.

OTROS
4 yogures naturales		108 ptas.	¡EN OFERTA!
mermelada	(1 bote)	85 ptas.	¡EN OFERTA!
arroz	(1 Kilo)	147 ptas.	
sal	(100 grs.)	42 ptas.	
azúcar	(1 Kilo)	40 ptas.	
café	(250 grs.)	199 ptas.	

SPAR

CARNES
pollo	(unidad)	320 ptas.	¡EN OFERTA!
ternera	(500 grs.)	800 ptas.	
cerdo	(en filetes, 500 grs.).	475 ptas.	

FRUTAS Y VERDURAS
manzanas	(1 Kilo)	180 ptas.	
peras	(1 Kilo)	205 ptas.	
cebollas	(1 Kilo)	60 ptas.	¡EN OFERTA!
pepinos	(1 Kilo)	80 ptas.	
pimientos	(1 Kilo)	90 ptas.	
naranjas	(1 Kilo)	199 ptas.	
plátanos	(1 Kilo)	200 ptas.	
patatas	(1 Kilo)	92 ptas.	
fresas	(250 grs.)	168 ptas.	

OTROS
huevos	(1 docena)	149 ptas.	
arroz	(1 Kilo)	145 ptas.	
harina	(1 Kilo)	75 ptas.	
azúcar	(1 Kilo)	85 ptas.	
mermelada	(1 bote)	146 ptas.	
leche	(1 litro)	95 ptas.	
pan	(1 barra)	46 ptas.	
café	(250 grs.)	150 ptas.	¡EN OFERTA!

FRUTAS Y VERDURAS
patatas	(1 Kilo)	65 ptas.
cebollas	(1 Kilo)	77 ptas.
pimientos	(1 Kilo)	125 ptas.
plátanos	(1 Kilo)	145 ptas.
manzanas	(1 Kilo)	168 ptas.
naranjas	(1 Kilo)	136 ptas.

CARNES
pollo	(unidad)	365 ptas.	
cerdo	(en filetes, 500 grs.).	479 ptas.	
cordero	(500 grs.)	530 ptas.	¡EN OFERTA!

OTROS
arroz	(2 Kilos)	240 ptas.	¡EN OFERTA!
leche	(1 litro)	93 ptas.	
pan	(1 barra)	40 ptas.	
azúcar	(1 Kilo)	53 ptas.	
miel	(1 bote)	107 ptas.	
yogur natural	(4 unidades)	110 ptas.	
yogur varios sabores	(4 unidades)	125 ptas.	
cava	(botello de litro)	565 ptas.	
vino	(botella de litro)	400 ptas.	

SIMAGO

CARNES
cordero	(500 grs.)	680 ptas.	
pollo	(unidad)	430 ptas.	
cerdo	(costillas, 500 grs.)..	385 ptas.	
jamón York	(100 grs.)	140 ptas.	¡EN OFERTA!
salami	(100 grs.).	127 ptas.	

OTROS
azúcar	(2 Kilos)	75 ptas.	¡EN OFERTA!
miel	(1 bote)	110 ptas.	
arroz	(1 Kilo)	139 ptas.	
leche natural	(1 litro)	93 ptas.	
leche descremada	(1 litro)	97 ptas.	
pan	(1 barra)	36 ptas.	
pan integral	(1 barra)	41 ptas.	
huevos	(1 docena)	139 ptas.	¡EN OFERTA!

FRUTAS Y VERDURAS
lechuga	(unidad)	45 ptas.
coliflor	(unidad)	53 ptas.
pimientos	(1 Kilo)	128 ptas.
pepinos	(1 Kilo)	68 ptas.
champiñones	(250 grs.)	135 ptas.
limones	(1 Kilo)	88 ptas.
patatas	(1 Kilo)	75 ptas.

 NOTA: Los precios que aparecen en estas listas son todos ficticios

1°centro Mari Puri
ver una película

1°dcha. D. Andrés
dormir la siesta

2°izda. Genaro
leer un libro

2°dcha. Loli y Pepe
besarse con pasión.

3°centro Laura y Alberto
pelearse

3°dcha. Piluca
vestirse

4°izda. Currito y Luisito
bañarse

4°centro Maruja y Paco
comer

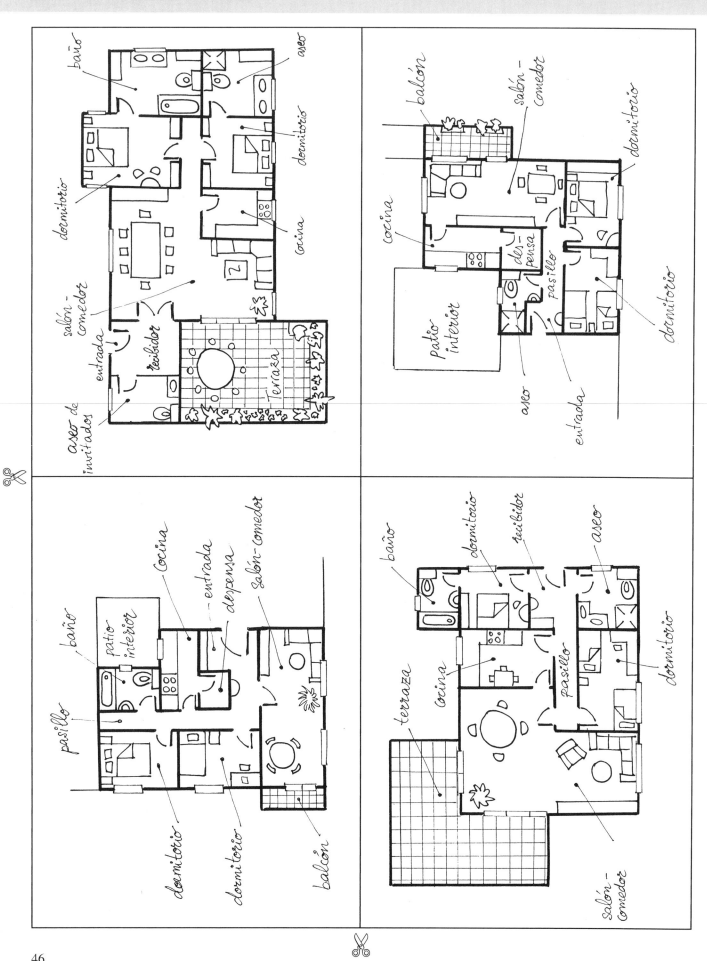

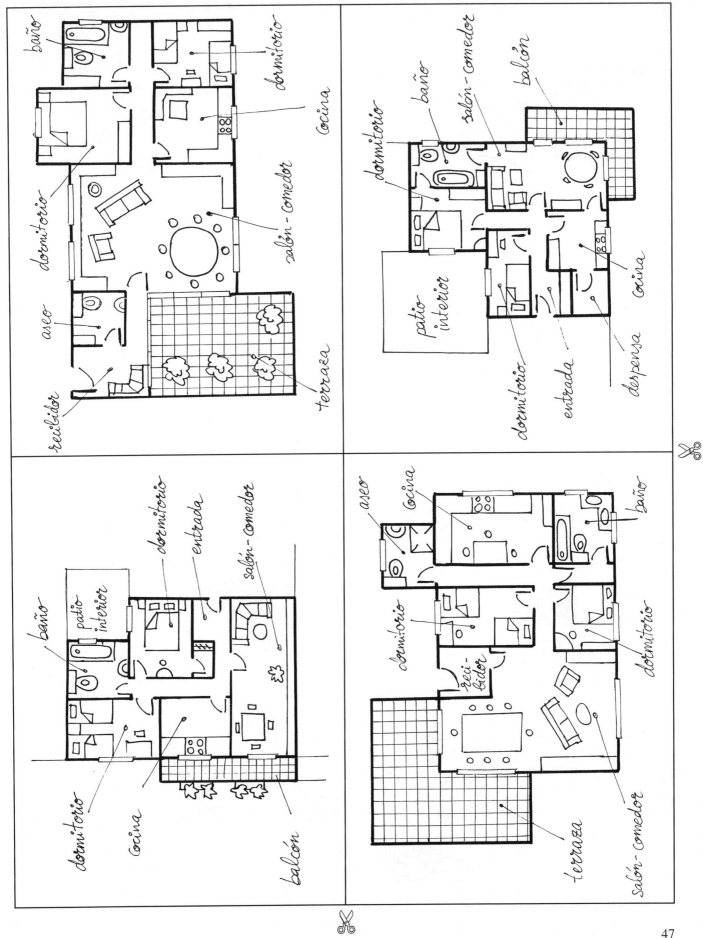

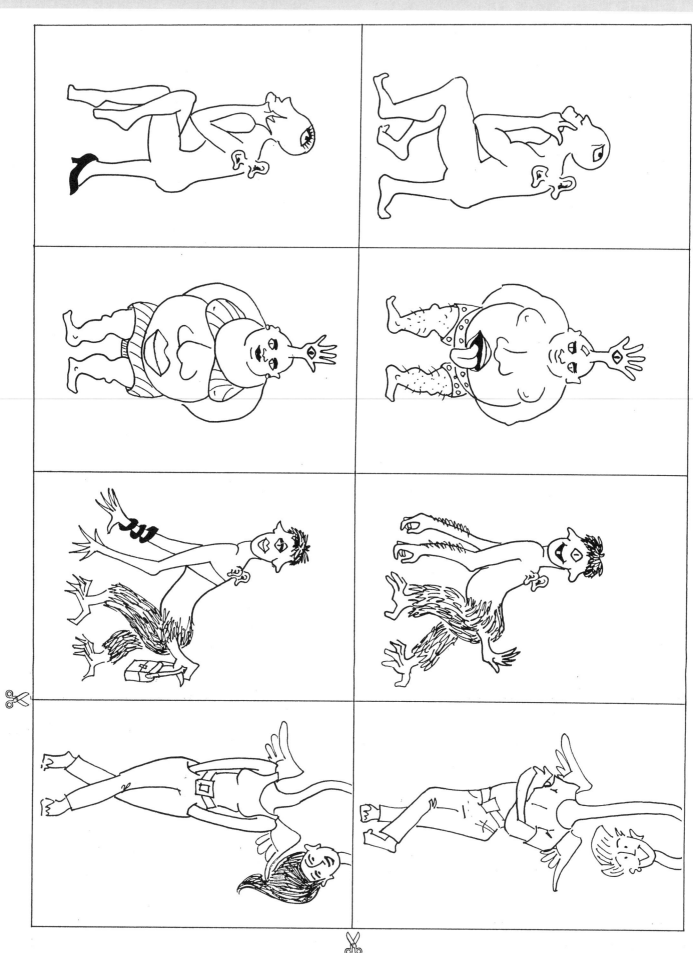

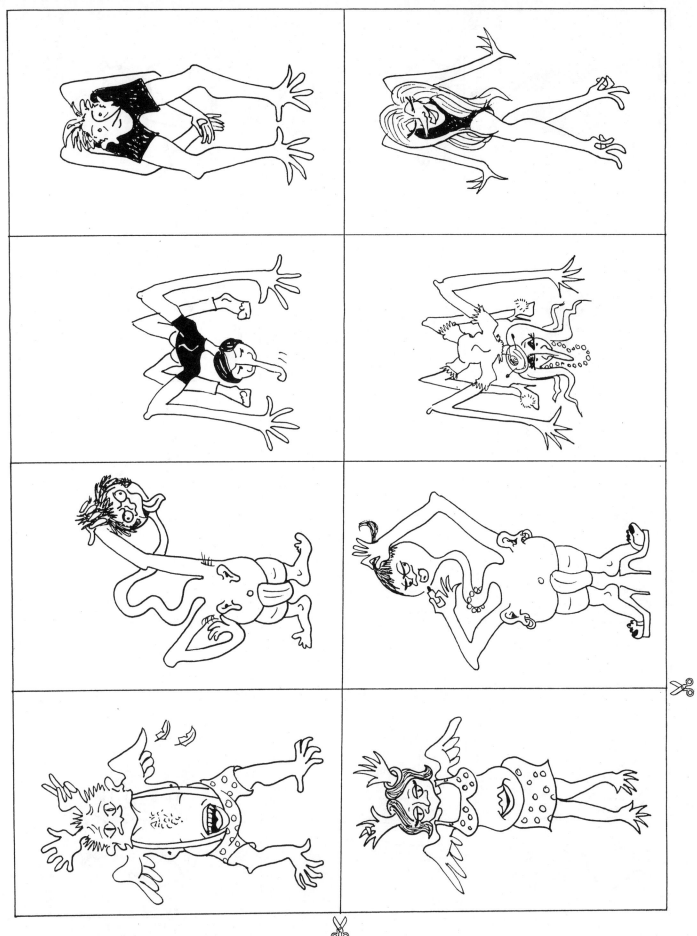

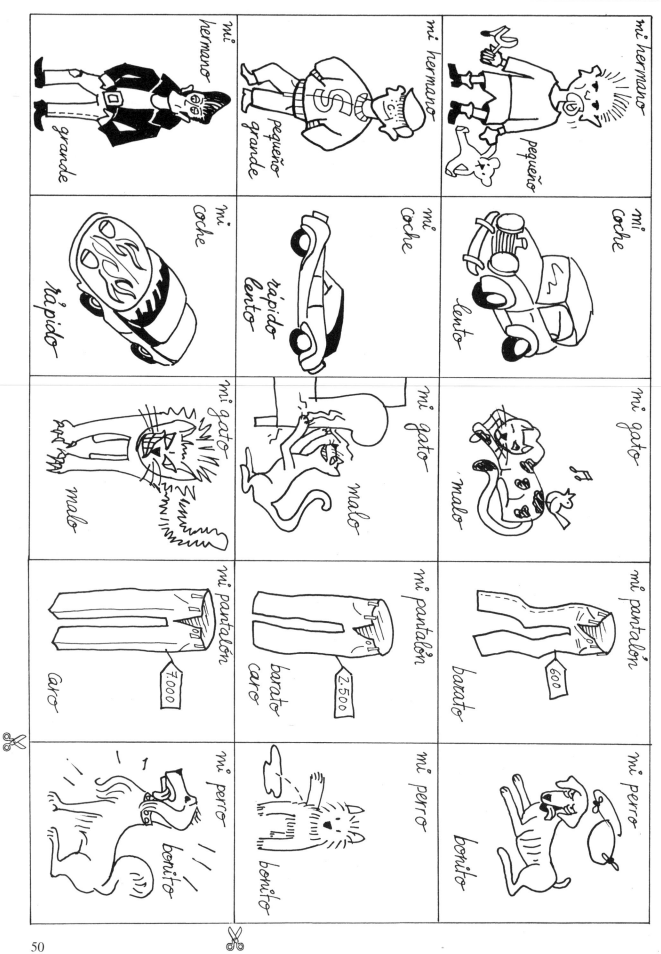

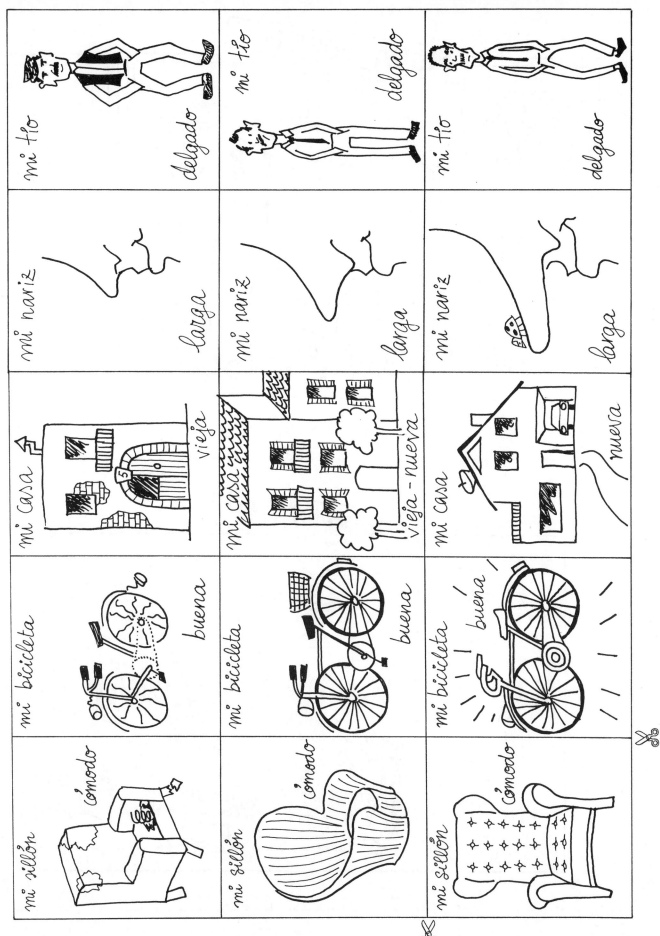

mi tío — delgado

mi tío — delgado

mi tío — delgado

mi nariz — larga

mi nariz — larga

mi nariz — larga

mi casa — vieja

mi casa — vieja – nueva

mi casa — nueva

mi bicicleta — buena

mi bicicleta — buena

mi bicicleta — buena

mi sillón — cómodo

mi sillón — cómodo

mi sillón — cómodo

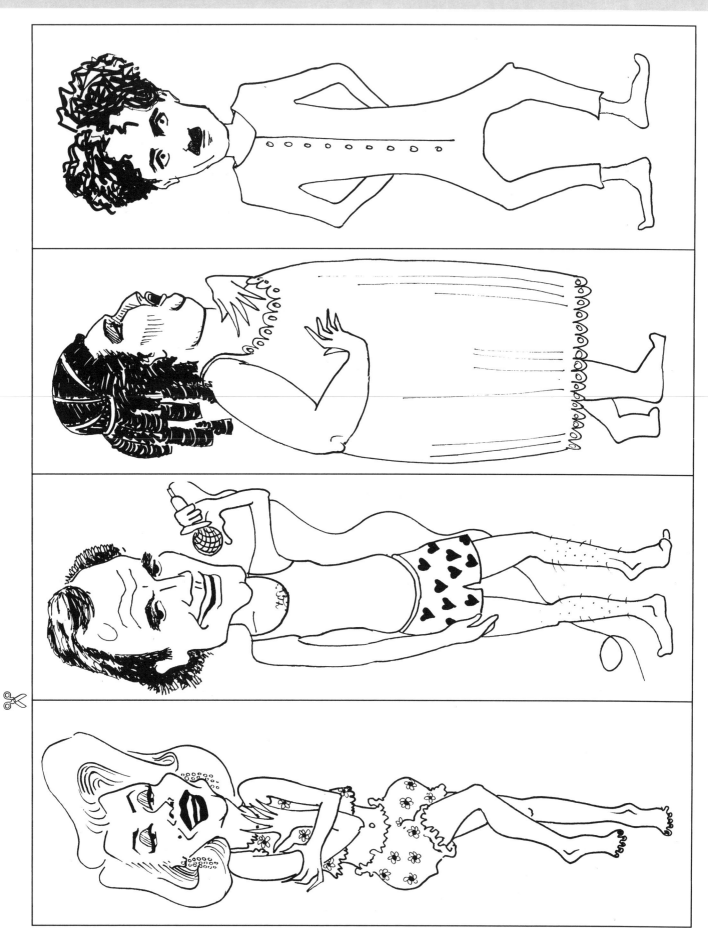

(él) 9 CONTAR	(yo) 10 VESTIRSE	11	(ellos) 12 OLER	(yo) 13 CONDUCIR	(tú) ENTENDER 14 ¿DÓNDE ESTOY? 15
(yo) 8 TRAER	(nosotros) VOLVER 35	36	¡LA PAUSA! ZZZZZ 37	(yo) OÍR 38	(yo) IR 39 / 16
(ellos) 7 PENSAR	(yo) 34 PONER	(yo) DECIR 53	(yo) INTRODUCIR 54	55 ¡LA CIGÜEÑA ASESINA! / 56	(él) PODER 40 / (él) 17 SERVIR
6	(tú) 33 ENCENDER	(él) COMENZAR 52			41 / (yo) EMPEZAR 18
(tú) 5 VENIR	(él) 32 QUERER	51		(yo) TRADUCIR 57	(tú) REÍR 42 / (yo) SABER 19
(nosotros) 4 IR	31	(yo) TENER 50	61	(ellos) DIVERTIRSE 58	(yo) VENIR 43 / (tú) DESPERTARSE 20
(yo) 3 HACER	(yo) CRECER 30	(tú) SENTARSE 49	(yo) OFRECER 60	(tú) SOÑAR 59	(él) 44 PEDIR / 21
(vosotros) 2 SER	(ellos) DORMIR 29	(yo) PREFERIR 48	(ellos) RECORDAR 47	46 / ¡TORMENTA! 45	(ellos) RECORDAR 22
1	¡ACCIDENTE! 28	(tú) SENTIR 27	26	(yo) CONOCER 25	(él) CORREGIR 24 / (yo) 23 SALIR

MELOCOTONES AL VINO

Pelar **los melocotones**.
Lavar bien **la naranja** y pelarla superficialmente, sin quitar la piel blanca.

Hervir **el vino tinto** con **el azúcar**, la piel de la naranja y **la canela**, durante unos 10 minutos.

Partir los melocotones por la mitad y sacar el hueso sin estropear la fruta. Meter las mitades de melocotón en el vino hirviendo y dejar cocer unos 20 minutos.

Cuando ya están en su punto, ponerlos en una fuente honda, dejar enfriar y meterlos en la nevera. Servir bien frío. Quitar la piel de naranja y el palito de canela.

INGREDIENTES QUE TIENES:

Ninguno

CALAMARES EN SU TINTA

Vaciar, limpiar y trocear **los calamares**, guardando las bolsitas de tinta.
Pelar y triturar **la cebolla**.
Triturar los dientes de ajo pelados y **el perejil**.

En una cazuela plana pero amplia con aceite hirviendo, freír un poquito la cebolla y añadir en seguida los calamares, el ajo y el perejil triturado, un poco de sal, la canela, **el azafrán**, **la pimienta** y verter encima media taza de agua.

Dejar a fuego normal y, con el primer hervor, añadir las bolsitas de tinta mezclada con un poco de agua. Mezclarlo todo bien y esperar aproximadamente una hora.

INGREDIENTES QUE TIENES:

2 dientes de ajo
la sal
el aceite de oliva
una pizca de canela

TORTILLA DE PATATAS

Pelar las cebollas y **los ajos** y freírlo todo un poquito en aceite.

Pelar **las patatas** y cortarlas en dados. Introducirlas en una sartén llena (hasta la mitad) de **aceite de oliva** caliente, y dejarlas freír a fuego lento durante 25 minutos más o menos. Añadir **la sal.**

Batir **los huevos** en un recipiente hondo (2 huevos por persona) con una pizca de sal; añadir las patatas, la cebolla y el ajo y removerlo todo, mezclándolo bien.

En la misma sartén (con una cucharada sopera de aceite), verter la mezcla con las patatas, las cebollas y el ajo. Después de un rato, dar la vuelta a la tortilla para freírla por el otro lado.

INGREDIENTES QUE TIENES:

Las cebollas.

GAZPACHO

Poner **los tomates** unos minutos en agua caliente para poder quitarles fácilmente la piel.
Pelar y trocear **un pepino.**
Trocear **un pimiento** verde.
Pelar y picar una cebolla.

Meter en un recipiente hondo los tomates pelados, el pepino, el pimiento, un diente de ajo y un poco de **pan** mojado en agua. Batirlo todo con la batidora eléctrica y sazonar al gusto con una pizca de sal, aceite de oliva y **vinagre** de vino. Si se desea el gazpacho más líquido, añadir un poco de agua. Se sirve bien frío.

INGREDIENTES QUE TIENES:

1 diente de ajo
sal
aceite de oliva
cebolla
agua

los tomates
(1/2 Kg.)

el pepino (1)

el pimiento (1)

el pan

el vinagre

los melocotones
(8)

el vino tinto
(1 botella)

el azúcar
(400 grs.)

la naranja (1)

la canela
(1 palito)

el ajo
(2 dientes)

el aceite de
oliva

la sal

los huevos
(2 por persona)

las patatas

los calamares
(1 Kg)

la cebolla (1)

la pimienta
(una pizca)

el perejil

el azafrán
(una pizca)

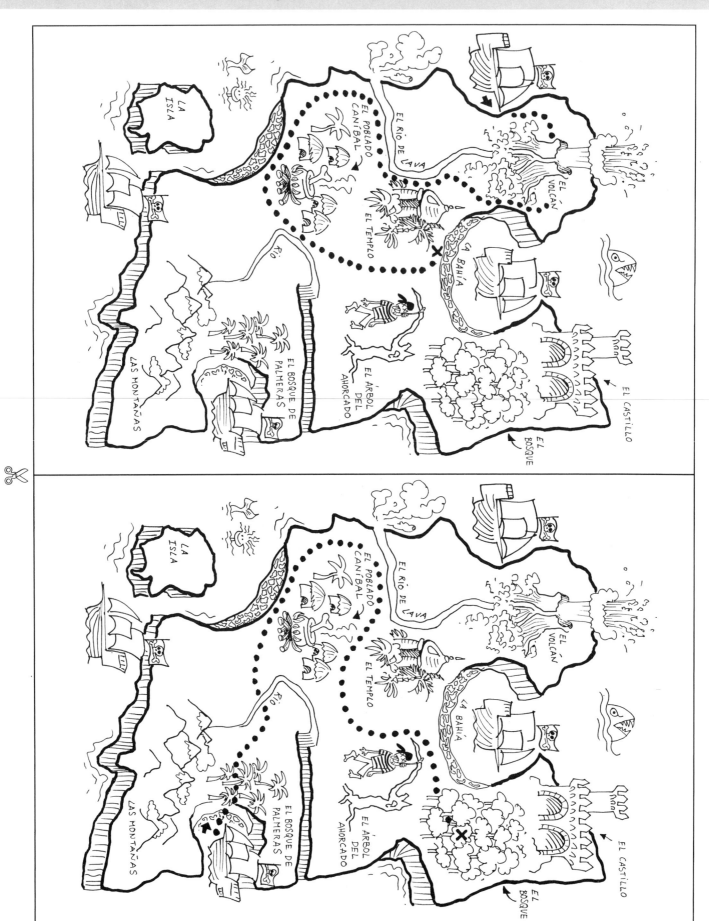

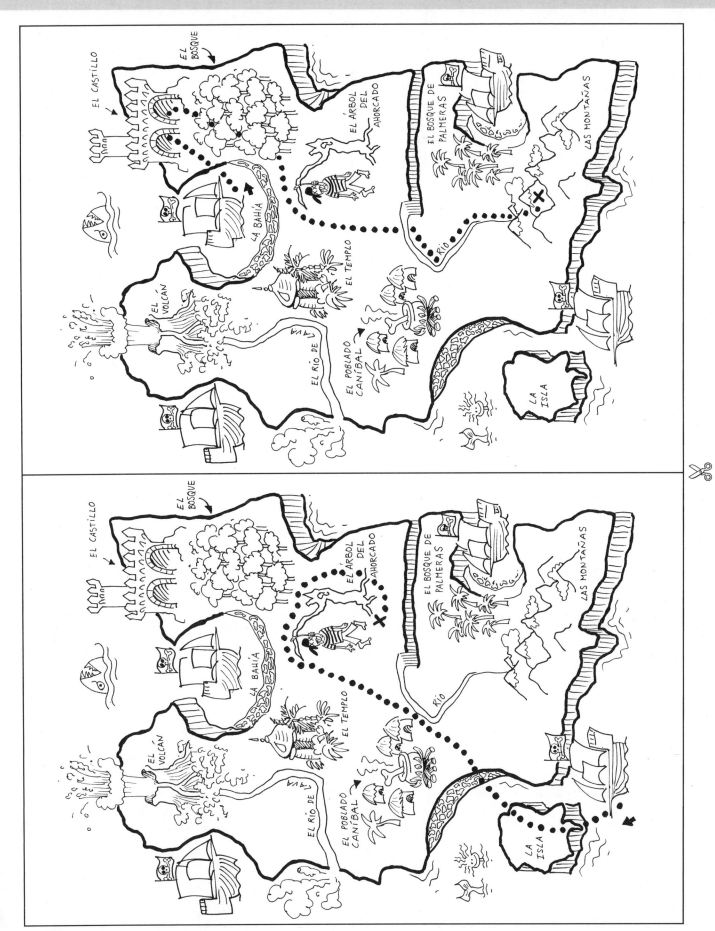

Tú:	postales antiguas collares
Antonio:	copas, muñecas sellos

Tú:	marionetas retratos
Luisa:	tazas abanicos

Tú:	sombreros monedas
Lola y Jaime:	gafas pendientes

Tú:	cámaras cajas
Carlos:	jarrones tazas

Tú:	abanicos máquinas antiguas
Carmen y Juana:	espejos relojes

Tú:	corbatas sombreros
Pepa y Jorge:	jarrones anillos

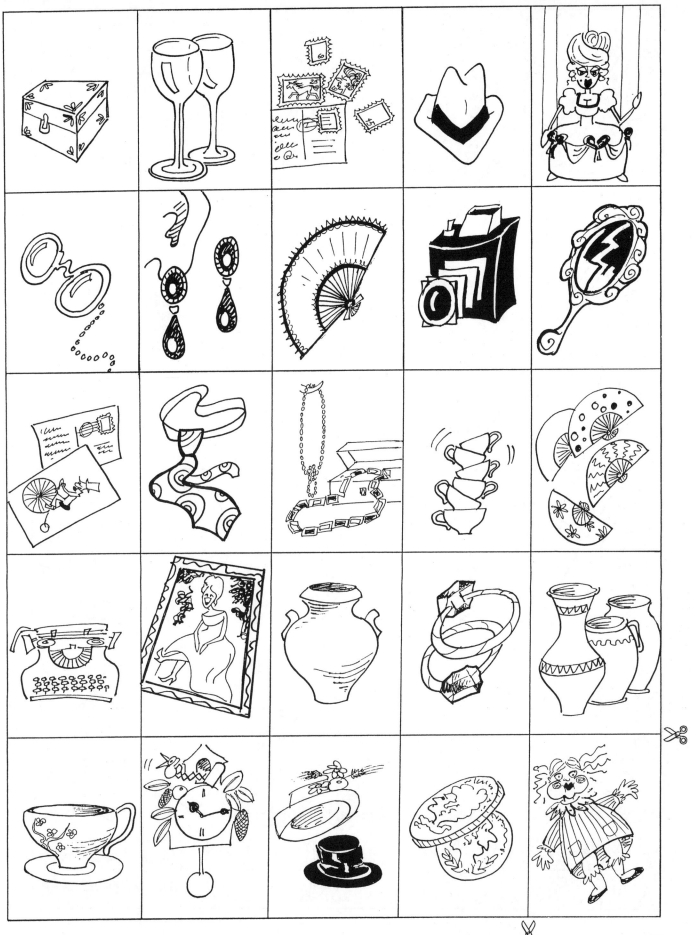

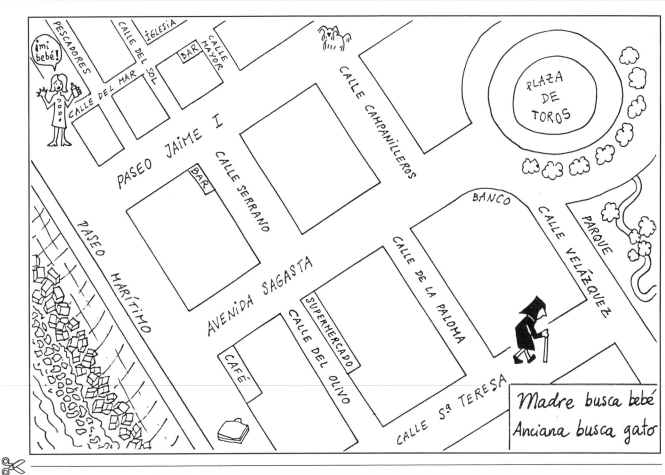

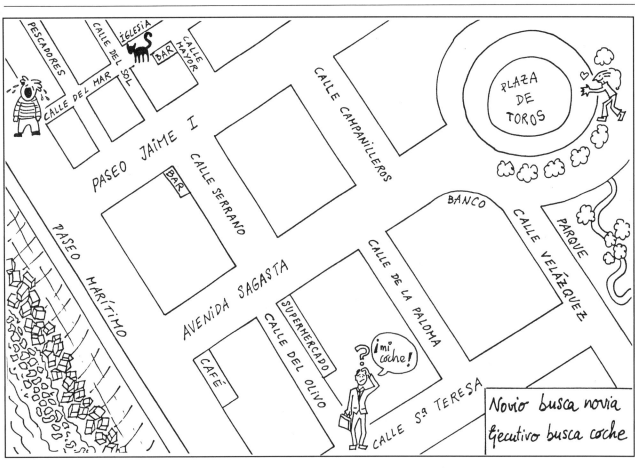

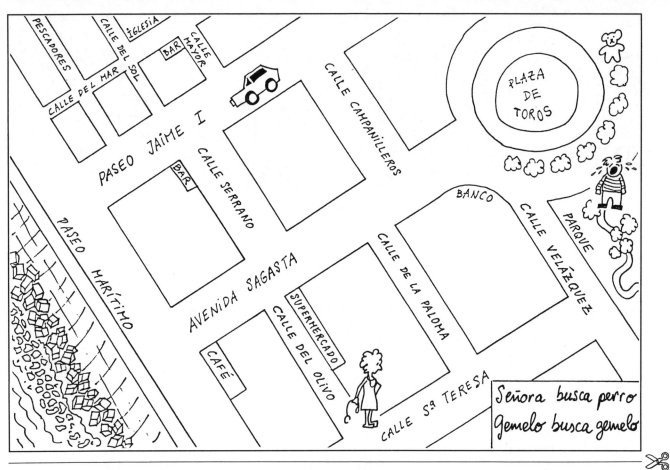

Señora busca perro
Gemelo busca gemelo

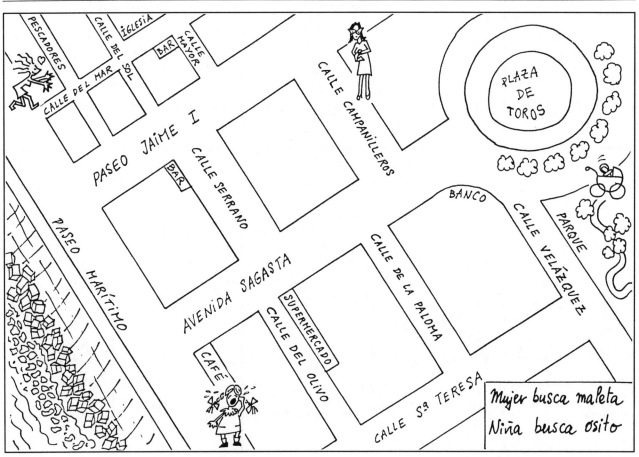

Mujer busca maleta
Niña busca osito

jugar al tenis

hacer un pic-nic

dar un paseo en barca

tomar café con un amigo(a)

ir al cine

cenar con un amigo(a)

ir a un concierto

visitar una exposición

dar un paseo

ir al zoo

visitar un museo

ir de compras

visitar a un enfermo

ir a una boda

ir de excursión

Curso de Informática

L	16-18
M	18-20
Mi	18-20
J	16-18
V	
S	
D	

(L, M, Mi, J circled)

Clase de español

L	14-16
M	
Mi	14-16
J	
V	14-16
S	
D	

(L, Mi, V circled)

tomar café con mi madre

L	
M	
Mi	
J	por la tarde
V	
S	
D	por la tarde

(J, D circled)

ir a la universidad

L	
M	
Mi	
J	Todas las mañanas
V	
S	
D	

(L, M, Mi, J, V, S circled)

clase de gimnasia

L	18-20
M	
Mi	19-21
J	
V	15-17
S	
D	

(L, Mi, V circled)

cena con amigos

L	
M	19-?
Mi	
J	
V	
S	19-?
D	

(M, S circled)

trabajar

L	
M	
Mi	de 9 a 18
J	
V	
S	
D	

(L, M, Mi, J, V circled)

Cumpleaños de Pepa

L	
M	
Mi	
J	
V	
S	
D	tarde y noche

(D circled)

pic-nic con amigos

L	
M	
Mi	
J	
V	
S	todo el día
D	

(S circled)

Entierro de mi tía

L	
M	
Mi	
J	
V	
S	
D	por la mañana

(D circled)

excursión a la montaña

L	
M	
Mi	
J	
V	
S	todo el
D	fin de semana

(S, D circled)

ir a nadar y a la sauna

L	
M	19-22
Mi	
J	
V	19-22
S	
D	

(M, V circled)

cena de trabajo

L	19-?
M	
Mi	20-?
J	
V	
S	
D	

(L, Mi circled)

Congreso

L	
M	los tres días
Mi	
J	
V	
S	
D	

(L, M, Mi circled)

cuidar a los niños

L	19-20
M	
Mi	toda la tarde
J	
V	
S	todo el
D	fin de semana

(L, Mi, S, D circled)

67

Akira
Español para el trabajo (empresa con contactos en España).
Intereses: folklore español, flamenco, cine.
Otros: te levantas y te acuestas siempre muy temprano. No fumas. Eres una persona muy tranquila, no te gusta el ruido.

Fiorella
Español por afición.
Intereses: discotecas, fiestas, bares …
Otros: fumas muchísimo. Te acuestas siempre después de las 2 de la noche. Cantas en un grupo rock.

Katja
Español para la "uni" (estudias Filología Románica).
Intereses: excursiones, deportes, vida sana.
Otros: no fumas, no bebes, haces meditación trascendental, eres vegetariana. Tienes alergia a los gatos.

Sam
Español para la "uni" (estudias Historia Moderna).
Intereses: Guerra Civil española, salir, el buen jerez …
Otros: fumas y bebes bastante. Eres muy deportista. Te gustan los niños. Aficionado al rock.

Juliette
Español para el trabajo (trabajas en un hotel en Niza).
Intereses: cine, deporte, conocer a gente nueva.
Otros: eres vegetariana, tienes un gato pequeñito, te gusta la música clásica, no fumas.

Magnus
Español por afición.
Intereses: España, bailar salsa, las mujeres, el vino, el sol.
Otros: te encanta la cocina casera, conocer a gente, salir por las noches, aficionado al rock.

Roland
Español para el trabajo (mánager en una agencia que trabaja con Sudamérica).
Intereses: las costumbres españolas, el cine, la política, los deportes.
Otros: te levantas temprano, no fumas, no quieres contactos con personas que hablan alemán, no te gusta cocinar.

Familia Soto

2 habitaciones individuales, máximo 3. Familia numerosa con niños pequeños. Pensión completa. La señora Soto cocina muy bien, sobre todo la carne. Por los niños, no se admiten fumadores. Hay 2 gatos en la familia.

Piso de estudiantes españoles

Son dos chicas y un chico. Ofrecen alojamiento para dos personas. Se puede utilizar la cocina. Fumar no es un problema. Los estudiantes españoles que viven allí salen mucho por la noche. Animales mejor no.

Residencia Universitaria San Isidro

2 habitaciones individuales, máximo 3. Existe una cocina común para estudiantes y también servicio de comedor. Fumar no es un problema. No se admiten animales.

Santiago, el abuelo

Los Reyes de este año te han traído unos regalos un poco extraños: por un lado, la biografía de W. Churchill, que te encanta (te interesan mucho las vidas de los políticos); por el otro, tu nieto Juan te ha comprado unas botas para montar a caballo… ¡qué raro!, porque desde el accidente ya no puedes montar.

Matilde, la abuela

Los Reyes te han traído juegos para el ordenador. ¡Qué tontería! ¡Ni siquiera tienes una máquina de escribir! La informática y esos estúpidos ordenadores no te interesan para nada. ¿Cómo puede la gente pasarse horas delante de una cosa tan tonta? Las cosas modernas no te gustan, todo lo antiguo te parece mucho más bonito. ¡Seguro que ha sido una broma de tu hijo Pepe, el informático! Por lo menos han acertado con el otro regalo: un disco de "Carmen" (¡Plácido Domingo!). ¡Qué pena! Nadie ha pensado en regalarte un animalito… "Mimí" se ha muerto hace dos semanas y estás tan triste… También te han regalado un libro sobre el pintor Goya, pero ya compraste el libro cuando estuviste en el Museo del Prado, en Madrid.

Pepe, el padre

Estas Navidades, los Reyes te han regalado una máquina de escribir antigua. ¿Para qué? Siempre escribes con el ordenador, es mucho más cómodo. ¡Seguro que ha sido tu padre! ¡Todavía no sabe que estamos en la era de la informática! También has recibido un libro interesantísimo sobre los orígenes del tango ¡estupendo! Trini y tú vais a pasar las vacaciones de Semana Santa en Buenos Aires. La pena es que, con el libro, te han regalado un disco antológico de Carlos Gardel ("el rey del tango") y tú ya tienes todos sus discos.

Trini, la madre

Desde luego… ¡Qué despiste! La abuela te ha regalado un libro sobre la cultura inca para preparar el viaje de vacaciones en Semana Santa, pero tu marido Pepe y tú queréis ir a Argentina, no a Perú. Eres muy creativa y te gusta pintar. Alguien ha tenido la estupenda idea de regalarte un libro sobre pintura a la acuarela para perfeccionar tu técnica. También te han regalado una botella de "Pasión Salvaje", tu perfume favorito…, sólo que ya tienes dos y se te va a estropear antes de poder usarlo.

Concha, la tía

Los Reyes te han traído una gatita siamesa: muy bonita, sí,… pero Trini no sabía que querías un gato negro. También te fascina el disco de Carmina Burana que te han regalado y lo escuchas a todas horas, ya que te gusta mucho la música. Como todo el mundo sabe que te interesan mucho los países del este de Europa, te han regalado una biografía de Gorbachov, pero ya la has leído.

Ramón, el tío

Tu cuñado Pepe te ha regalado un maletín de dados y cartas para jugar al póquer. Seguramente, no te entendió muy bien cuando le contaste que has empezado a jugar con tus amigos a los "dardos", y no a los "dados". Menos mal que has recibido algo que te gusta muchísimo: un libro de cocina china, porque te encanta cocinar y, en casa, cocinas tú. También te han regalado un disco de Plácido Domingo, que no te interesa especialmente…

Tere, la hija

El "gracioso" de tu padre te ha regalado un manual de contabilidad y la abuela insiste en que tienes que aprender a cocinar, y por eso te ha regalado un libro de cocina. ¿Para qué? Primero: las matemáticas nunca te han interesado. Te gusta más la literatura: te encanta leer cuentos antes de irte a la cama. Segundo: estás a dieta y no te gusta nada cocinar. También te han regalado un gato negro. Te gustan mucho los animales, pero eres muy supersticiosa y no soportas el color negro. ¡Desde luego…! ¡Qué malos han sido contigo los Reyes este año! ¡Por lo menos podían haberte regalado un perfume, por ejemplo! Menos mal que también te han regalado una colección de postales antiguas que te ha gustado muchísimo.

David, el hijo

Al abuelo Santiago no le gusta tener un nieto tan científico que sólo piensa en números y cuentas. Para él, la literatura también es importante: por eso te ha regalado un libro de cuentos orientales, pero no te sirven para tus estudios de economía. Lo que sí te ha gustado es una calculadora muy sofisticada que te han regalado. También has recibido una guía turística de Buenos Aires porque te gusta mucho viajar, pero ya estuviste allí el año pasado.

Pirineo

Montañas. Pistas de esquí. Teleféricos. Maravillosos paisajes. Vida nocturna (bares, discotecas, etc.).

Camino de Santiago

Camino por el norte de España desde la frontera de Francia hasta Santiago de Compostela (Galicia). Ruta de romería, con muchas iglesias y monasterios románicos.

Mallorca

Isla del Mediterráneo. Centro turístico. En verano está lleno de extranjeros que vienen a pasar las vacaciones. Mucha vida nocturna. Playas.

La isla de la Toja

Isla en el noroeste de España (en Galicia). Balneario y playas. No siempre hace sol. Sitio tranquilo.

Los picos de Europa

Montañas en el norte de España. Paisajes impresionantes. Naturaleza intacta. Animales salvajes. Excelente lugar para hacer una acampada.

Santiago

Eres muy deportista y te gustan sobre todo los deportes de invierno. Tienes un carácter muy extrovertido y sociable. No soportas a la gente apagada y tranquilona. Las vacaciones son para ti un tiempo de actividad intensa, nuevas experiencias, nuevas amistades. Odias los sitios muy turísticos y el arte te aburre un poco (visitar catedrales, iglesias, monasterios, etc.)

Cari

Eres una persona muy tranquila con aficiones intelectuales. A veces piensas demasiado y te deprimes (te pones triste). Las vacaciones son para ti un tiempo de reflexión y tranquilidad. El deporte no te interesa. Odias los sitios con mucha gente y las personas muy activas te ponen nerviosa.

Javier

Siempre has estado de acuerdo con lo de "mens sana in corpore sano". Te encanta bucear, porque bajo el agua te sientes aislado y tranquilo. Las vacaciones son para ti una ocasión de escapar de la rutina y el estrés diarios y de acercarte más a Dios. Tu otra gran afición es el arte religioso. No te gusta la gente que piensa sólo en divertirse.

Mercedes

Eres una mujer atractiva y segura de ti misma. El lema de tu vida es: "¡A vivir, que son dos días!". Las vacaciones son para ti una forma de escapar de tu trabajo y de hacer lo que realmente te gusta. Te encantan los sitios en donde puedes pasártelo bien (discotecas, bares, ...). Adoras el sol y poder enseñar tu perfecto cuerpo. Naturalmente, no soportas a la gente depresiva. ¿Para qué perder el tiempo en deprimirse si la vida son dos días?

Andrés

Te gusta mucho la naturaleza y eres un ecologista convencido. Piensas que el único paisaje más o menos intacto es la montaña. El deporte que más te gusta es practicar el senderismo. Las vacaciones son para ti una ocasión de estar cerca de la naturaleza, de conocer nuevas personas y de buscar tu equilibrio interior. No soportas ni a la gente depresiva ni a la gente superficial.

Silvia

Eres una mujer de 50 años con problemas de reumatismo en las piernas y por eso el médico te ha recomendado una temporada de descanso, a ser posible en un balneario. Piensas que las vacaciones son una época para descansar y reponer tu cansado cuerpo. Mirar al mar te relaja y te da paz. Te gusta la gente tranquila y equilibrada con la que puedes tener conversaciones interesantes.

Marcos

Eres el jefe del departamento. Eres una persona tranquila y equilibrada con aficiones intelectuales. Las vacaciones son para ti una posibilidad de alejarte del estrés diario, de disfrutar de una vida cómoda y sin prisas y de practicar tu afición favorita: la pesca. No soportas los sitios con mucho ruido ni con mucha gente. Te atraen las mujeres maduras y equilibradas.

Consuelo

Eres una mujer joven y activa. Odias el aire contaminado de la ciudad y el ruido del tráfico. Piensas que las vacaciones son un periodo de reflexión y contacto con la naturaleza. Para ello buscas siempre lugares apartados y tranquilos en la montaña. Te gusta mucho caminar y tener conversaciones profundas sentada con otras personas alrededor del fuego.

Lorenzo

Eres joven y tus muchas amigas te dicen siempre que eres muy atractivo. Vas a menudo al gimnasio para tener un cuerpo musculoso. Las vacaciones son para ti una ocasión de hacer cosas que no te atreves a hacer en la ciudad en donde vives. Te gusta la playa, las mujeres, el sol y salir por la noche. Te aburre la gente tranquila y piensas que hay que aprovechar la juventud.

Almudena

Las vacaciones de Navidad pasadas estuviste haciendo un curso de esquí en Candanchú (Pirineo) y la experiencia te gustó muchísimo. Las vacaciones son para ti una ocasión de hacer deporte para adelgazar y mejorar tu figura. Además,...¡a lo mejor conoces a un chico interesante! Te gustan las personas activas y extrovertidas con muchas ideas para pasarlo bien.

Tu teléfono: 744625

Eres Carlos Pérez, músico en la orquesta municipal. Tocas el saxofón y necesitas ensayar todos los días.

Tu queja: Has comprado un secador del tipo "Rayo 22" en "Electrodomésticos La Perfecta" y no funciona. Llama a la tienda (**tel.: 387521**) y expresa tu queja al gerente.

Tu teléfono: 387521

Eres Rufino González, gerente de la tienda de electrodomésticos "La Perfecta". El secador "Rayo 22" está agotado. Queda el modelo "Rayo 25", pero cuesta 1.000 ptas. más.

Tu queja: La clienta Lola Bonet no ha pagado la factura de su frigorífico. Llámala (**tel.: 744638**) y pregúntale cuándo va a pagar.

Tu teléfono: 744638

Eres Lola Bonet. Eres vecina de Carlos Pérez. Estás a fin de mes y no tienes dinero.

Tu queja: Carlos Pérez toca todas las noches el saxofón. Lo toca muy bien, pero no te deja dormir y todos los días tienes que levantarte a las 6.00 de la mañana. Llámale (**tel.: 744625**) y expresa tu queja.

Tu teléfono: 386712

Eres Jaime Serrano. Vives en el hotel "Ambos Mundos". Tienes un perro en tu habitación y, como no quieres dejarlo encerrado, siempre lo dejas correr un poco por el pasillo.

Tu queja: No has podido dormir bien porque había mucho ruido de coches. Llama a la recepción (**tel.: 386715**) y expresa tu queja.

Tu teléfono: 386715

Eres Eugenia Corrales, recepcionista del hotel "Ambos Mundos". Como hoy hay un congreso, el hotel está casi lleno. Sólo queda una habitación interior, pero es doble y el suplemento cuesta 2.000 pesetas por noche.

Tu queja: La Señora Ortega (habitación n° 15) todavía duerme cuando llegan las empleadas de la limpieza y por eso no pueden hacer su habitación. Llámala (**tel.: 386710**) y expresa la queja del hotel.

Tu teléfono: 386710

Eres Carmela Ortega. Lees siempre en la cama hasta las dos de la noche y por eso te levantas siempre muy tarde.

Tu queja: El perro del Señor Serrano ha hecho pipí en uno de tus zapatos. Siempre pones tus zapatos en el pasillo, porque por las mañanas los limpia el limpiabotas del hotel. Llama al Sr. Serrano (**tel.: 386712**) y expresa tu queja.

Aldo Rozzi

- 2 días en Barcelona
- viaje de negocios
- 1 día en Madrid (Siemens)
- Gaudí, música clásica
- paga la empresa

1. ¿Qué hotel tomas? ¿Cuál es la dirección?

2. ¿Cuándo abren la Casa Gaudí?

3. ¿Dónde está el Palau de la Música?

4. ¿A qué hora vuelve el avión de Madrid?

Klaus Mahler

- estudiante (23 años)
- alojamiento con familia
- 1 día en Monserrat
- metro ¿descuentos para estudiantes?
- arte (Miró)

1. ¿Está lejos Monserrat de Barcelona? A_____Km.

2. Horario de la Fundación Joan Miró

3. ¿Dónde vas a vivir?

4. ¿Cuánto cuesta la tarjeta joven?

Sven & Ulla Nilsson

- 2 días en Barcelona
- naturaleza
- jazz, museos
- no más de 2.500 ptas. por persona (hotel)

1. ¿Cuándo abren el Museo Picasso?

2. ¿Cuándo es el concierto de Grappelli? ¿Dónde es?

3. ¿Cómo se llega al Montseny?

4. ¿En qué hotel dormís? Precio de la doble.

Nils van Heerden

- poco dinero
- sitios pintorescos
- arte, cine
- Mallorca

1. ¿Por qué vas a ir a Figueras?

2. ¿Qué conciertos hay en el Palau de la Música?

3. ¿En qué hotel duermes? ¿Cuál es la dirección?

4. ¿Cómo vas a Mallorca? ¿Qué precio tiene el billete de ida?

Mr & Mrs Wilson

-jubilados de Londres
-mucho dinero
-montañas (2 días)
-Barcelona (Picasso)
-hotel céntrico
-avión para volver a Londres

1. ¿Qué excursión váis a hacer? ¿Por qué?

2. ¿Cuándo abren el Museo Picasso?

3. ¿Cuándo sale el avión? ¿Cuánto tarda?

4. ¿Qué hotel tomáis? ¿Cuánto cuesta una doble?

Ivanna Platova

-excéntrica millonaria
-discotecas, casinos
-playa, (3 días Mallorca)
-fin de semana en Zaragoza

1. ¿Qué playa vas a visitar? ¿Cómo vas?

2. ¿Dónde está el casino?

3. ¿En qué hotel duermes? ¿Cuánto cuesta una doble?

4. ¿Cómo vas a Zaragoza? ¿A qué hora?

Familia Neubauer

-3 hijos (7, 5, 4 años)
-3 días en Barcelona (cosas para niños)
-3 días en Valencia
-excursión a Cadaqués

1. ¿Cómo se llega a Cadaqués?

2. ¿Qué hotel tomáis?¿Cuánto cuesta una doble con lavabo?

3. ¿Cuándo está abierto el Montjuic?

4. ¿A qué hora sale vuestro tren a Valencia?

Muriel Duprée

-Inter-Rail
-muy poco dinero
-arte, arte
-Sitges

1. ¿Dónde está el albergue?

2. ¿Hasta cuándo puedes ver la exposición sobre Tàpies?

3. ¿Cómo se llega a Sitges?

4. ¿Por qué vas a Figueras? ¿Cuánto cuesta la ida y vuelta?

Oficina de Información y Turismo: Hoteles

SERVICIOS	RITZ***** G. Vía Corts Catalanes 168	ROYAL**** La Rambla 117	LUZ*** Avda. Diagonal 234	CASTILLA** Ferran 24
Habitación doble	25.000	20.000	7.000 / 5.000	5.000 / 3.000
Habitación sencilla	18.000	13.000	6.000 / 4.000	4.000 / 2.000
Metro	Urquinaona	Parallel	P. Gracia	Universidad
Boutique	sí	sí		
Peluquería	sí	sí	sí	
Deportes	sí	sí	sí	sí
Sauna	sí	sí	sí	

SERVICIOS	APOLO* La Rambla 33	P. RIUS P. Gracia 234	ALBERGUE Pujades 29	FAMILIAS Bruc 25 Fam. Puig
Habitación doble	4.000 / 3.500	3.500 / 2.000	1.500	2.500
Habitación sencilla	3.000 / 2.000	2.500 / 1.500	1.000	1.500
Metro	Parallel	Catalunya	Arc Triumph	Urquinaona
Bar	sí	sí	sí	
Peluquería	sí	sí		
Deportes				

Oficina de Información y Turismo: Transportes

DESTINO	SALIDAS	LLEGADAS	PRECIO ida/ida y vuelta
Madrid	6.50 (cada h.)	13.50	6.500/11.000 ptas.
Valencia	7.00 (cada 90 min.)	12.00	4.200/8.000 ptas.
Zaragoza	7.10 (cada 2 h.)	10.00	2.700/4.500 ptas.
Gerona	6.45 (cada 2 h.)	8.15	1.550/3.000 ptas.
Figueras	6.45 (cada 2 h.)	8.45	1.900/3.400 ptas.
Sitges	7.15 (cada 30 min.)	7.45	250/500 ptas.
Madrid	(IB) 6.00 (cada 90 min.)	6.45	9.000/18.000 ptas.
Mallorca	(IB) 7.00 (cada 180 min.)	8.00	6.000/12.000 ptas.
Londres	(BA) 6.00 (cada 3 h.)	7.45	16.000/28.000 ptas.
	(IB) 6.15 (cada 3 h.)	8.00	17.000/27.000 ptas.
Zaragoza	6.00/12.00	9.00/15.00	2.300/4.500 ptas.
Valencia	10.00/16.00	14.00/20.00	3.350/6.500 ptas.
Gerona	7.00 (cada 2 h.)	8.00	1.300/2.500 ptas.
Cadaqués	7.30 (cada 2 h.)	8.20	1.250/2.400 ptas.
Figueras	8.00 (cada 3 h.)	10.00	1.800/3.570 ptas.
Mallorca	7.00/16.00	14.00/24.000	2.600/5.400 ptas.
	Tarjeta joven: estudiantes, jóvenes hasta 26 años. Precio: 3.000 ptas. al mes.		

Oficina de Información y Turismo: Excursiones

1. MONSERRAT

Montañas a 35 km. de Barcelona. En su cima está el Monasterio de Montserrat (basílica, claustro, coro de niños más antiguo de Europa). Panorama muy interesante.
Transporte: Tren, dos líneas:
F.C. (Ferrocarriles Catalanes). Salida: Plaza España.
F. Norte. Salida: Plaza Cataluña y luego en autobús.

2. CADAQUÉS

Pueblo pesquero muy pintoresco, refugio de pintores, artistas y escritores. Iglesia barroca del siglo XVIII. Pueblo blanco con vistas al mar. Casa de Dalí.
Transporte: Autobús, aproximadamente una hora.

3. FIGUERAS

Pueblo relacionado con Dalí. En él se encuentra el único museo monográfico sobre la obra de Dalí: pinturas, esculturas, joyas. El otro museo monográfico sobre Dalí está en los Estados Unidos.
Horario: octubre/junio   11.30/17.15
           julio/septiembre   9.00/20.15
Transporte: Tren y autobús, unas dos horas. Autobús más barato.

4. SITGES

Pueblo turístico con pintorescas casas de verano de familias ricas. Villas de estilo modernista. Puerto deportivo. Mucha vida nocturna. Iglesia barroca. Palacio "Maricel de Mar" con una importante colección de frescos y pinturas románicas y góticas. "Festival Internacional de Cine Fantástico".
Transporte: Tren. Salida: Estación Central (línea C2 cada 20 minutos). Duración del viaje: una media hora.

5. MACIZO DEL MONTSENY

Macizo montañoso cerca de Barcelona. Maravillosos paisajes con impresionantes vistas. Muy adecuado para la práctica del senderismo.
Existen excursiones organizadas en autobús al pueblo de Montseny (duración: una hora). Desde allí se puede subir al pico más alto: el Turo de l'Home (1.712 mts.)

Oficina de Información y Turismo: Espectáculos

Museos

ARTE MODERNO	CASA GAUDI	PICASSO	FUNDACION "JOÁN MIRO"
M./S. 9.00-19.30 D. 9.00-14.00 L. 15.00-19.30	Domingos y festivos 10.00-14.00 16.00-19.00	M./S.10.00-20.00 domingos y fest. 10.00-15.00	M./S. 10.00-18.00 domingos y festivos 10.00-18.00

Música

CLASICA

PALAU DE LA MUSICA,   C/ Amadeu Vives 1
Manuel de Falla   "El Amor Brujo"   J., V., S. y D.   19.00
J. Rodrigo   "El Concierto de Aranjuez"   L., M., Mi.   20.30

JAZZ

LA COVA DEL DRAC,   C/ Vallmajor 33
Stéphane Grappelli   V., S.   20.00

Arte

GALERIA BARCELONA, Pl. Dr. Letamendi 34   M./S. 10.00-14.00 17.00-20.30
Miró, Saura, Tàpies y Chillida   hasta el
                                                 31-10-1992

FUNDACION JOAN MIRO, Parc de Montjuic   M./S. 11.00-19.00
J. Miró "De la figuración a la abstracción"   D/Fest. 10.30-14.30
                                                 hasta el
                                                 25-11-1992

Espectáculos

GRAN CASINO DE BARCELONA; San Pere de Ribes,
PARC MONTJUIC (PARQUE DE ATRACCIONES)

                                    Verano   J., S., D.   21.00-24.00
                                    Invierno S., D.   20.00-23.00

Médico

Gripe: Supositorios balsámicos para bajar la fiebre. Jarabe para la tos. Gotas para destapar la nariz.
Empacho y dolor de estómago: Agua con limón. Infusiones de manzanilla.
Insolación y quemaduras: Bañarse en agua salada muy caliente.

Médico

Gripe: Meter la cabeza en el frigorífico durante 10 minutos.
Empacho y dolor de estómago: Pastillas contra la acidez. Aspirina contra el dolor de cabeza.
Insolación y quemaduras: Paños de agua con vinagre en la frente. Frotar tomate encima de las quemaduras.

Médico

Gripe: Vahos de eucalipto. Infusiones de menta. Cama.
Empacho y dolor de estómago: Comer sólo chocolate y caramelos de goma.
Insolación y quemaduras: Pomada contra las quemaduras. Pastillas contra el dolor de cabeza.

Paciente

- Tos muy fuerte, sobre todo por las noches.
- Esta noche no has dormido. Fiebre alta. Dolor de garganta y de cabeza.
- Nariz taponada, apenas puedes respirar.
- Dolor de brazos, piernas y espalda.
- Ayer estuviste esperando a tu novio/-a durante una hora. Llovía y no tenías paraguas.

Paciente

- Has pasado toda la noche vomitando.
- Dolor de cabeza y de estómago.
- Tienes acidez y la garganta seca.
- Tienes náuseas.
- Ayer fue la fiesta de aniversario de tu hermana.

Paciente

- Dolor de cabeza.
- Tienes mareos.
- Tienes vómitos.
- Tienes la piel roja y no puedes casi llevar ropa porque te duele todo.
- La semana pasada estuviste de vacaciones en la playa.

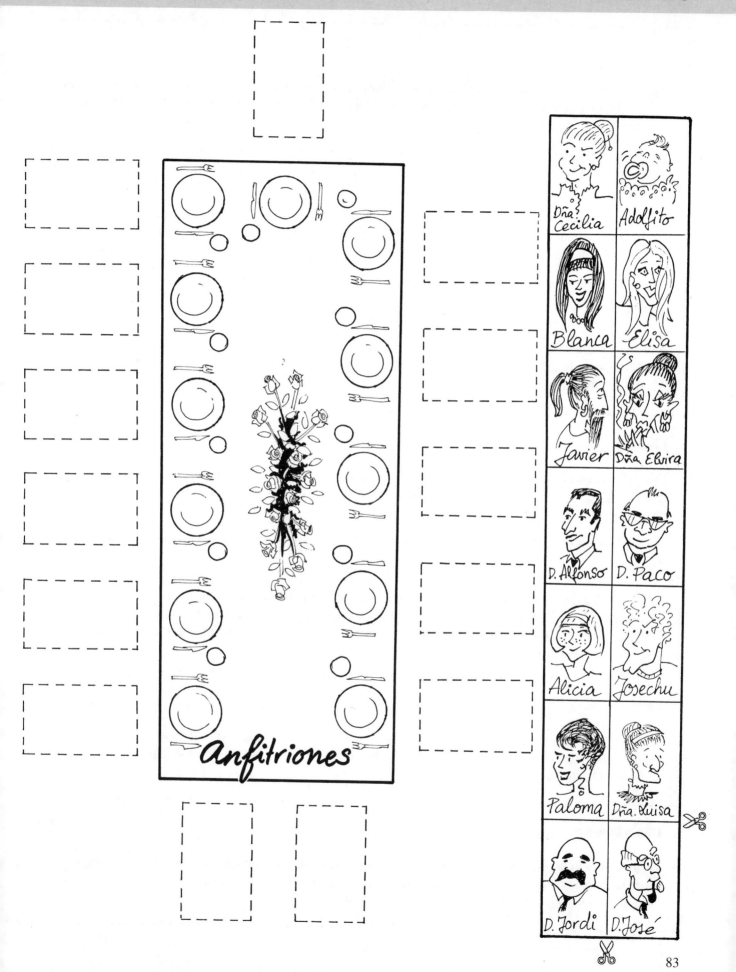

Anfitriones

Dña Cecilia · Adolfito · Blanca · Elisa · Javier · Dña Elvira · D. Alfonso · D. Paco · Alicia · Josechu · Paloma · Dña. Luisa · D. Jordi · D. José

Doña Cecilia

<u>Eras</u> la anfitriona junto con tu esposo. <u>Estabas</u> sentada entre tu marido y tu nieto. <u>Discutiste</u> con tu marido porque él <u>fumaba</u> en su pipa todo el rato y te <u>molestaba</u> el humo. A tu derecha <u>estaba</u> Adolfito, que <u>lloró</u> toda la noche porque <u>tenía</u> sueño.

Adolfito

Eres un bebé de cinco meses. <u>Estabas</u> sentado entre mamá y la abuela Cecilia. A tu izquierda, la abuela <u>jugaba</u> contigo porque <u>llorabas</u> todo el rato y no <u>querías</u> dormir. A tu derecha, mamá <u>hablaba</u> todo el rato con tía Elisa sobre bodas y niños.

Blanca

A tu lado <u>estaba</u> tu cuñada Elisa. Enfrente <u>se sentó</u> la tía Luisa. A la izquierda, tu hijo <u>lloraba</u> y tu madre <u>intentaba</u> calmarlo. <u>Estuviste hablando</u> con Elisa de niños y bodas. Ella te <u>contó</u> que se casa el mes que viene y le <u>dijiste</u> que <u>era</u> mejor no tener niños pronto.

Elisa

<u>Estabas</u> sentada al lado de tu hermano Javier. Enfrente <u>había</u> un chico joven de pelo rizado y guapísimo. <u>Estuvisteis hablando</u> de deportes y <u>descubristeis</u> que a los dos os encanta jugar al tenis. Por eso <u>quedasteis</u> para jugar un partido el martes.

Javier

A tu izquierda <u>estaba</u> sentada tu hermana Elisa, a la derecha <u>había</u> una señora mayor muy arreglada que <u>fumaba</u> todo el rato. Enfrente <u>se sentó</u> una chica muy joven y guapa que <u>llegó</u> media hora tarde. Con ella <u>hablaste</u> de cine y <u>quedasteis</u> para ver juntos otra vez "Casablanca". La señora mayor te <u>contó</u> sus vacaciones en Niza y tú le <u>hablaste</u> de tu viaje al Nepal.

Doña Elvira

A la derecha <u>estaba</u> tu hermano Alfonso, que <u>estuvo</u> todo el rato <u>hablando</u> con tu marido de política. A la izquierda <u>había</u> un chico joven de pelo largo y barba, que te <u>habló</u> del Nepal. Como <u>estabas</u> un poco nerviosa, no <u>parabas</u> de fumar.

Don Alfonso

<u>Estabas</u> entre tu hermana y tu cuñado Paco. Con Paco <u>discutiste</u> toda la noche de política. Los dos <u>estabais</u> de acuerdo en que el gobierno es un desastre. Tu hermana <u>fumaba</u> todo el rato y <u>estabas</u> un poco enfadado porque te <u>molestaba</u> el humo y <u>estabas</u> un poco resfriado.

Don Paco

<u>Estabas</u> sentado junto a tu cuñado. <u>Discutiste</u> con él toda la noche sobre el gobierno. Media hora más tarde <u>llegó</u> tu sobrina Alicia y te <u>contó</u> que su coche <u>estaba</u> roto. Enfrente <u>estaba</u> tu mujer, que, como siempre, <u>fumaba</u> un cigarrillo tras otro.

Alicia

<u>Llegaste</u> media hora tarde porque se <u>rompió</u> tu coche. Te <u>disculpaste</u> ante tu tío, que <u>estaba</u> a tu izquierda. ¡Desde luego, el tío Paco está cada vez más calvo! Enfrente <u>había</u> un chico joven, que <u>hablaba</u> con tía Elvira del Nepal. Luego <u>empezasteis</u> a hablar de cine y <u>decidisteis</u> ir juntos a ver otra vez "Casablanca". A tu derecha <u>estaba</u> el primo Josechu, que <u>hablaba</u> con Elisa de deportes cuando <u>llegaste</u>.

Josechu

<u>Estabas</u> al lado de tu prima Paloma. Le <u>comentaste</u> que <u>estaba</u> guapísima con el pelo corto. Enfrente <u>había</u> una chica joven de pelo largo y rubio. <u>Empezasteis</u> a hablar de deportes y, por casualidad, <u>descubristeis</u> que los dos jugáis al tenis. <u>Quedasteis</u> para jugar un partido esta semana.

Paloma

<u>Estabas</u> sentada entre tu tía y uno de tus primos. Los dos te <u>comentaron</u> que <u>estabas</u> más guapa con el pelo corto. Luego la tía te <u>contó</u> que no sabía qué hacer con el tío Jordi, porque bebe mucho y come aún más. Le <u>diste</u> un par de consejos: menos vino y más movimiento.

Doña Luisa

<u>Estabas</u> sentada entre tu marido y una de tus sobrinas. <u>Estabas</u> muy enfadada con tu marido porque <u>bebió</u> mucho vino y luego <u>tenía</u> que llevar el coche. Enfrente <u>estaba</u> la madre de Adolfito. Con tu sobrina de la izquierda <u>hablaste</u> de tu marido y de lo guapa que está con el nuevo peinado.

Don Jordi

Enfrente <u>estaba</u> Adolfito, que <u>lloraba</u> todo el rato. A tu derecha <u>estaba</u> el otro anfitrión y <u>discutisteis</u> todo el tiempo de política. El <u>pensaba</u> que antes se <u>vivía</u> mejor y tú no <u>estabas</u> de acuerdo. Antes no <u>había</u> libertad y <u>estaba</u> prohibido hablar en catalán. A tu izquierda <u>estaba</u> tu mujer, muy enfadada porque, según ella, <u>bebiste</u> demasiado vino, pero es que <u>era</u> un Jumilla tan bueno…

Don José

A la izquierda <u>estaba</u> don Jordi, tan gordo como siempre y con un bigote enorme. <u>Discutisteis</u> de política como siempre, y él, como siempre, <u>empezó</u> a hablar en catalán. A tu derecha <u>estaba</u> tu mujer, que se <u>enfadó</u> porque <u>fumabas</u> en pipa y a ella no le gusta el olor a tabaco.

Declaraciones de Carmen "La Tormento":

"Soy una cantante de canción española y flamenco y he paseado mi arte por todos los países del mundo. ¡Hasta en Japón compran mis discos! Ultimamente, como lo español está de moda, estoy teniendo mucho éxito y haciendo muchas películas."

"Al volver de uno de mis viajes, me dí cuenta de que mi marido tenía otra mujer. ¡Ay! ¿Qué he hecho yo para merecer esto? Llevo ya 15 años casada con Juan y tenemos tres hijitos preciosos. ¡Le he dado los mejores años de mi vida!... pero, ¡claro!, como es tan atractivo, todas las mujeres están locas por él... ¡Egoísta, que es un egoísta! ¡Después de tantos años...! ¡Ay!"

Declaraciones de Juanito "El Atún":

"¡Pues sí!, la Carmen y yo nos separamos. Yo soy un hombre muy tranquilo pero en mi casa mando yo, y no me gusta que mi mujer me diga siempre lo que tengo que hacer. ¡No soy uno de sus admiradores! ¡Qué se ha creído!"

"Carmen siempre está fuera de casa y no se preocupa ni de su marido ni de sus hijos, sólo de estar guapa para su próxima película. Además, no sólo es ella quien gana dinero: ¡yo también trabajo! Toco la guitarra y he tocado para los mejores cantantes de España, pero ella nunca me ha dejado actuar en sus películas..."

Declaraciones de un amigo de los dos:

"En realidad, todo eso es mentira. Es todo publicidad. Lo que pasa es que los dos tienen problemas económicos porque la Carmen vive como una reina y sus discos y películas no tienen tanto éxito como ella piensa. Juan ha organizado todo el escándalo para vender la noticia a los periódicos y revistas y ganar dinero con ello. ¡Ya verás cómo dentro de poco vuelven a estar juntos y entonces se reirán de vosotros, los periodistas! Por favor, no digáis mi nombre porque si Carmen y Juan se enteran de lo que he dicho, se enfadarán conmigo."

Luisa Castro

Trabajas en una productora de vídeos en el centro. Ganas 250.000 ptas. al mes. Buscas un apartamento amueblado en un lugar céntrico. Tienes que estar cerca del metro y de la vida nocturna, ya que te gusta mucho salir por las noches. Te encantan los animales, por eso tienes dos gatos.

Fina, Lola y Cari

Estudiáis en la Universidad Complutense de Madrid. Fina hace Derecho, Lola Políticas, y Cari Empresariales. Buscáis un piso barato y cerca de la Universidad. Debe estar amueblado. Como todavía estáis estudiando, no podéis pagar más de 60.000 ptas. al mes.

Jim Mc Dermont

Eres un estudiante escocés. Has venido a Madrid con una beca para un año. Como estás aprendiendo español, te interesa compartir un piso con un español. La habitación debe estar amueblada. Te gusta mucho la música y tocas muy bien la guitarra. No estás dispuesto a pagar más de 25.000 ptas. al mes.

Norbert Huber

Trabajas para la Siemens en Hamburgo. Ahora estás en Madrid trabajando en un proyecto en la filial de Madrid. Ganas 350.000 ptas. al mes. Buscas un apartamento amueblado y céntrico para tres meses. Fumas mucho. El precio no es un problema, pero el piso debe estar en el centro y ser cómodo.

Familia Alvarez

Sois una familia de 5 miembros: la abuela, Carlitos y Juanita (4 y 7 años), el matrimonio Alvarez. Los dos trabajáis y ganáis 300.000 ptas. al mes. Carlos Alvarez da clase de Matemáticas en un colegio de la zona sur. Por eso preferís un barrio en el sur (Legazpi, Usera, Puerta Bonita. Carabanchel-norte). La abuela está enferma, así que necesitáis un piso con ascensor. También tenéis un perro, y por eso, un balcón no estaría mal. El piso debe estar vacío. Vosotros tenéis ya los muebles.

Casa Barata

1ª Oferta

1. Dirección:
    C/Cuchilleros n° 5, 3° dcha.

    Precio: 80.000 ptas.

2. N° de habitaciones:
    1 dormitorio
    1 salón-comedor
    1 cocina y 1 baño

3. Superficie: 50 m^2

4. Información importante: Zona antigua de Madrid, central. Buenas comunicaciones. Mínimo 6 meses de alquiler. Se admiten animales. No fumadores.

2ª Oferta

1. Dirección:
    C/Serrano n°79, 2°izda.

    Precio: 100.000 ptas.

2. N° de habitaciones:
    1 dormitorio
    1 salón-comedor
    1 cocina y 1 baño

3. Superficie: 40 m^2

4. Información importante: Barrio elegante de Madrid. Tiendas caras, buenas comunicaciones. Apartamento lujosamente amueblado. No se admiten animales. Alquiler 2 meses como mínimo.

3ª Oferta

1. Dirección:
    Paseo del Molino n° 15, 4°A

    Precio: 120.000 ptas.

2. N° de habitaciones:
    3 dormitorios
    1 salón
    1 cocina grande
    1 baño

3. Superficie: 85 m^2

4. Información importante: Zona sur, barrio Legazpi. Muy cerca de la estación de metro del mismo nombre (a 5 min. a pie). Zona industrial, colegios y tiendas cerca. Parque "Tierno Galván" a 20 min. a pie. Sin muebles. No tiene ascensor.

Paraíso

1ª Oferta

1. Dirección:
    Pl. Cristo Rey nº 3, 4°B

    Precio: 65.000 ptas.

2. N° de habitaciones:
    3 dormitorios
    1 salón-comedor
    1 cocina y 1 baño

3. Superficie: 70 m^2

4. Información importante: Cerca de la Universidad, a 10 min. del metro "Moncloa" (una parada a la universidad). Buenas comunicaciones. Zona de tiendas y colegios. Sin muebles. No se admiten animales. No tiene ascensor.

2ª Oferta

1. Dirección:
    Avda. de Oporto nº 40, 3° C

    Precio:100.000 ptas.

2. N° de habitaciones:
    3 dormitorios
    1 salón-comedor
    1 cocina y 1 baño

3. Superficie: 95 m^2

4. Información importante: Zona sur (Carabanchel-norte). Barrio obrero. Colegios y tiendas cerca. A diez min. del metro "Opanel". El piso tiene ascensor y balcón. Se admiten animales.

3ª Oferta (Para compartir)

1. Dirección:
    Pl. de Lavapiés nº 5, 3°dcha.

    Precio: 50.000 ptas.
    (los dos)

2. N° de habitaciones:
    2 dormitorios
    1 salón-comedor
    1 cocina
    1 baño

3. Superficie: 40 m^2

4. Información importante: Piso para compartir con un estudiante. Zona céntrica (directamente en la parada de metro "Lavapiés"). Sin renovar, pero amueblado. Alquiler mínimo un año. No se admiten animales. No fumadores. La otra persona que vive en el piso toca el piano.

Vive Bien

1ª Oferta

1. Dirección: Precio: 60.000 ptas.
   C/ de Andrés Mellado n° 3, 4° centro

2. N° de habitaciones: 3 dormitorios
                                          1 cocina grande
                                          1 baño

3. Superficie: 55 m^2

4. Información importante: Cerca de la Universidad. Buenas comunicaciones, a 50 mts. del metro de Argüelles (dos paradas para la Universidad). Piso sin renovar. Parcialmente amueblado (falta una cama y una o dos mesas y algunas sillas).

2ª Oferta

1. Dirección: Precio: 85.000 ptas.
   C/ de Fuencarral n°10, 4°dcha.

2. N° de habitaciones: 1 dormitorio
                                          1 salón-comedor
                                          1 cocina y 1 baño

3. Superficie: 50 m^2

4. Información importante: Zona muy céntrica. Buenas comunicaciones. Centros culturales cercanos. Muchas tiendas. Vida nocturna. Alquiler para un año como mínimo. Amueblado totalmente. No se admiten animales.

3ª Oferta (Para compartir)

1. Dirección: Precio: 42.000 ptas.
   Pl. de Cascorro n° 7, 3° izda.   (los dos)

2. N° de habitaciones: 2 dormitorios
                                          1 cocina y 1 baño

3. Superficie: 40 m^2

4. Información importante: Piso para compartir con un estudiante. Zona céntrica. Buenas comunicaciones. Cerca del metro (parada "La Latina"). Facilidad para ir de compras. No se admiten instrumentos musicales. Alquiler mínimo 6 meses.

Versión para el profesor

Adela Clavour nació en Barcelona el 2 de junio de 1900 de padre francés y madre española. Pasó toda su infancia en una lujosa villa en las afueras de Barcelona. Su padre era el dueño de una fábrica textil. Su infancia se desarrolló feliz y sin problemas, hasta que en 1917, durante la época de las tensiones sociales y huelgas, los trabajadores de la empresa de su padre quemaron la fábrica en protesta por sus bajos salarios. La familia se trasladó a París. El padre trabajaba con su hermano en una agencia de exportación. Adela era una chica joven (17 años), atractiva, y París le ofrecía muchas posibilidades. Empezó a frecuentar los cafés del ambiente intelectual parisino. Le interesaba mucho el arte, el teatro y la literatura. Conoció al poeta André Breton, a los pintores Picasso y Juan Gris y a la anciana Sarah Bernhardt, que le fascinó. Adela también quería ser una actriz famosa y comenzó a actuar en el teatro y a cantar en los cafés. Sus padres, sin embargo, tenían otros planes para ella y por eso discutieron mucho hasta que Adela decidió alquilar un apartamento propio. En 1925 se casó con Marcel, un joven muy apasionado y con ganas de cambiar el mundo. Marcel escribía novelas y frecuentaba círculos revolucionarios. Vivían en una buhardilla de París y, aunque no tenían mucho dinero, eran muy felices.

En 1940 los alemanes ocuparon París y Marcel murió en un enfrentamiento con las fuerzas de ocupación. Adela quedó desesperada y trató de seguir el trabajo de Marcel a través de su colaboración en la Resistencia. En Diciembre del 42, la situación era demasiado peligrosa y los amigos de Adela le aconsejaron huir de Francia. Le consiguieron un vuelo para Bogotá. Para ganarse allí la vida, volvió otra vez a cantar canciones francesas en los cafés. Era una época de tristeza, depresiones y soledad. Echaba de menos París, a sus amigos y a la vida de antes. En 1943 se casó con Héctor Morcilla, un admirador suyo que siempre venía al café a oírla cantar. Héctor era propietario de una plantación de café. Para Adela comenzó una vida tranquila y sin problemas económicos pero, como era una mujer de gran vitalidad, seguía echando de menos sus años en París. Para llenar su vida empezó a dedicarse a las labores sociales y a ayudar a las familias que trabajaban en la plantación.

El 15 de agosto de 1950, cuando el matrimonio volaba en helicóptero para visitar una de sus plantaciones, el aparato se estrelló y Héctor murió en el accidente. Adela quedó gravemente herida y pasó seis meses en un hospital, en donde tuvo mucho tiempo para pensar sobre su vida. Cando salió del hospital, volvió a vivir en su antigua casa de Bogotá, pero se sentía sola e inútil y en 1952 lo dejó todo, regaló la plantación a los trabajadores y se marchó al Camerún para trabajar como profesora de francés para los nativos. Ella pensaba que, como no se podía cambiar el mundo, había que ayudar por lo menos a los más necesitados. Comenzó a trabajar con los médicos del hospital y aprendió la profesión de enfermera. En 1965, durante una epidemia de cólera, Adela cayó gravemente enferma y murió.

1900   Adela Clavour **nace** en Barcelona el 2 de Junio de 1900, de padre francés y madre española. **Pasa** toda su infancia en una lujosa villa en las afueras de Barcelona. Su padre **es** el dueño de una fábrica textil.

1917   Su infancia **se desarrolla** feliz y sin problemas, hasta que en 1917, durante la época de las tensiones sociales y huelgas, los trabajadores de la empresa de su padre **queman** la fábrica en protesta por sus bajos salarios. La familia se **traslada** a París. El padre **trabaja** con su hermano en una agencia de exportación. Adela **es** una atractiva joven de diecisiete años y París le **ofrece** muchas posibilidades. **Empieza** a frecuentar los cafés del ambiente intelectual parisino. Le **interesa** mucho el arte, el teatro y la literatura. **Conoce** al poeta André Breton, a los pintores Picasso y Juan Gris y a la anciana actriz Sarah Bernhardt, que le **fascina**. Adela también **quiere** ser una actriz famosa y **comienza** a actuar en el teatro y en los cafés. Sus padres, sin embargo, **tienen** otros planes para ella y por eso **discuten** mucho hasta que Adela

1925   **decide** alquilar un apartamento propio. En 1925 se casa con Marcel, un joven muy apasionado y con ganas de cambiar el mundo. Marcel **escribe** novelas y **frecuenta** círculos revolucionarios. **Viven** en una buhardilla de París y, aunque no **tienen** mucho dinero, **son** muy felices.

1940

1942

1943

1950

1952

1965

1900

1917

1925

1940   En 1940 los alemanes **ocupan** París y Marcel **muere** en un enfrentamiento con las fuerzas de ocupación. Adela **queda** desesperada y **trata** de seguir el trabajo de Marcel a través de su colaboración en la Resistencia.

1942   En Diciembre del 42, la situación es demasiado peligrosa y los amigos de Adela le **aconsejan** huir de Francia. Le **consiguen** un vuelo para Bogotá. Para ganarse allí la vida, **vuelve** otra vez a cantar canciones francesas en los cafés. **Es** una época de tristeza, depresiones y soledad. **Echa de menos** París, a sus amigos y la vida de antes.

1943   En 1943 **se casa** con Héctor Morcilla, un admirador suyo que siempre **viene** al café a oírla cantar. Héctor **es** propietario de una plantación de café. Para Adela **comienza** una vida tranquila y sin problemas económicos pero, como **es** una mujer de gran vitalidad, **sigue** echando de menos sus años en París. Para llenar su vida **empieza** a dedicarse a las labores sociales y a ayudar a las familias que **trabajan** en la plantación.

1950

1952

1965

1900

1917

1925

1940

1942

1943

1950   El 15 de Agosto de 1950, cuando el matrimonio **vuela** en helicóptero para visitar una de sus plantaciones, el aparato **se estrella** y Héctor **muere** en el accidente. Adela **queda** gravemente herida y **pasa** seis meses en un hospital, en donde **tiene** mucho tiempo para pensar sobre su vida. Cuando **sale** del hospital, **vuelve** a vivir en su antigua casa de Bogotá, pero **se siente** sola e inútil y en 1952 lo **deja** todo, **regala** la

1952   plantación a los trabajadores y se **marcha** al Camerún para trabajar como profesora de francés para los nativos. Ella **piensa** que, como no se **puede** cambiar el mundo, **hay** que ayudar por lo menos a los más necesitados. **Comienza** a trabajar con los médicos del hospital y **aprende** la profesión de enfermera. En

1965   1965, durante una epidemia de cólera, Adela **cae** gravemente enferma y **muere**.

el calabozo

la princesa

el dragón

el ogro

el duende

el pez

el genio de la lámpara

el tesoro

el lobo

la bruja

el castillo

el bosque encantado

la rana

la sirena

la tormenta

la isla

el barco

el caballo volador

el príncipe

el hada

el espejo

la cueva

la carroza

la pócima mágica